신
축
과 이전

1950−1985 건물 드로잉

1. 천일백화(1953) 2. 대한환금장유주식회사(1954) 3. 평화극장(1954) 4. 미도파백화점(1954)

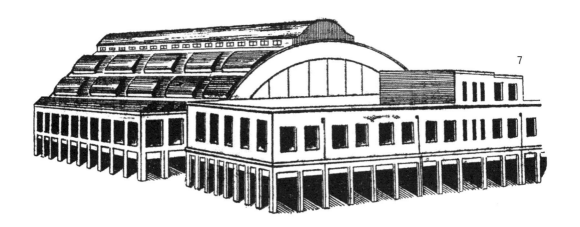

5. 광신백화점(1954) 6. 동화백화점(1955) 7. 남대문시장 CD동(1955) 8. 조선제분(1955) 9. 한양호텔(1955)

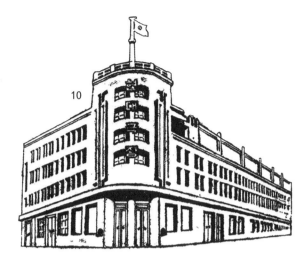

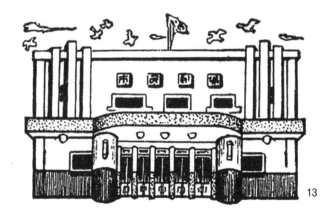

10. 현대극장(1955) 11. 자유백화점(1955) 12. 신신백화점(1955) 13. 대구시민극장(1955)

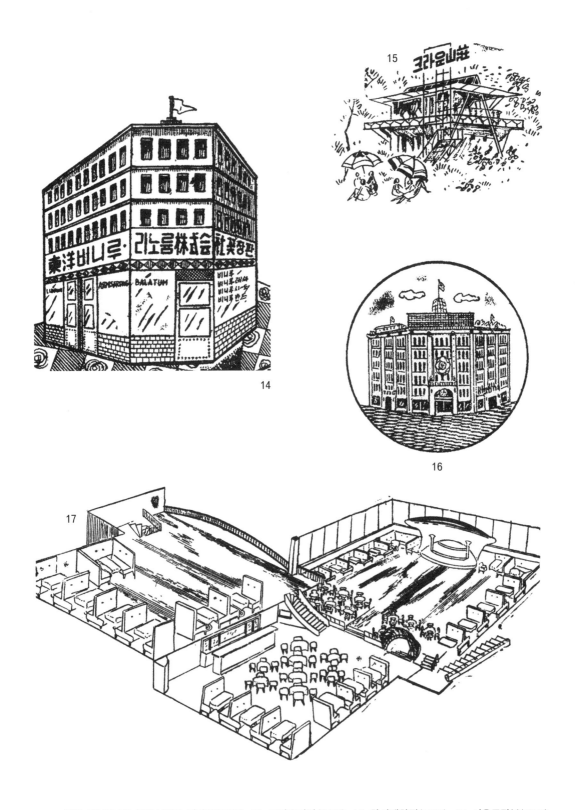

14. 동양 비니루·리노륨주식회사 직판부(1956) 15. 크라운산장(1956) 16. 화신백화점(1956) 17. 서울구락부(1956)

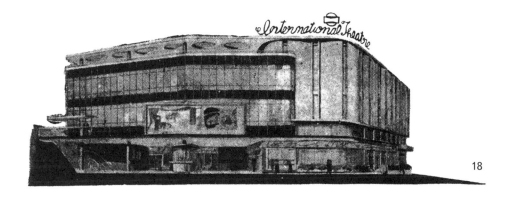

18

19

20

21

18. 국제극장(1957) 19. 대화삘딍(1957) 20. 한일관(1957) 21. 호수캬바레·호수예식장(1958)

22

23

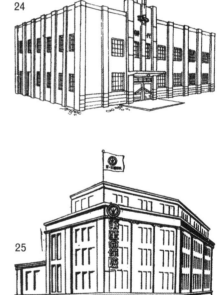

22. 동화백화점(1958) 23. 세기극장(1958) 24. 시대복장 공장(1958) 25. 제일생명보험(1958)

26. 동방생명보험(1958) 27. 서대문극장(1958) 28. 아카데미극장(1958) 29. 봉래극장(1958)

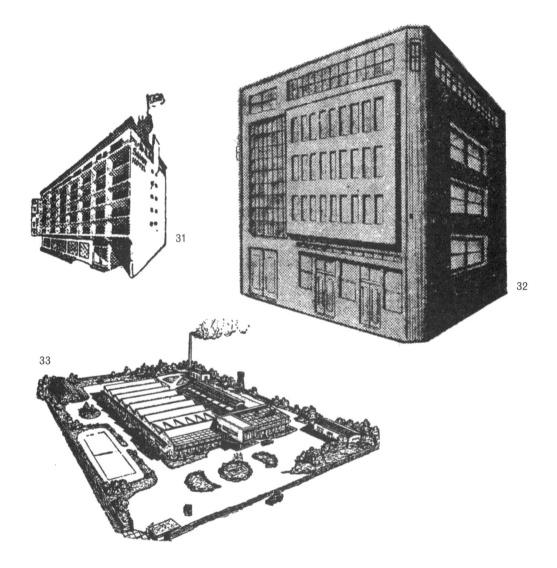

30. 을지극장(1958) 31. 사보이호텔(1958) 32. 한양의약품주식회사(1959) 33. 동양 스파 나이롱 제3공장(1959)

34

36

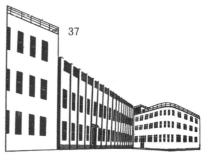

37

38

34. 서울중부시장(1959) 35. 동양제과(1959) 36. 서울은행(1959) 37. 범양약화학(1960) 38. 한일은행(1960)

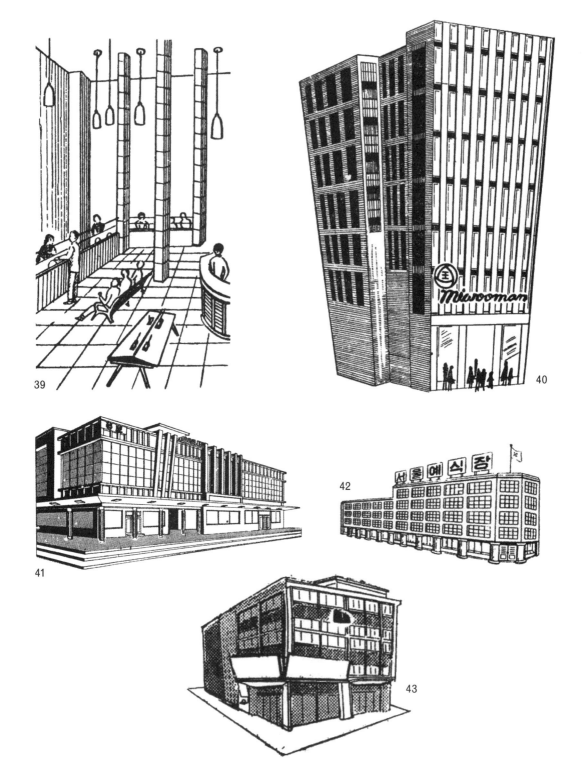

39. 한국상업은행 남대문지점(1960)
40. 미우만백화점(1960) 41. 종로예식장(1960) 42. 서울예식장(1960) 43. 중부극장(1960)

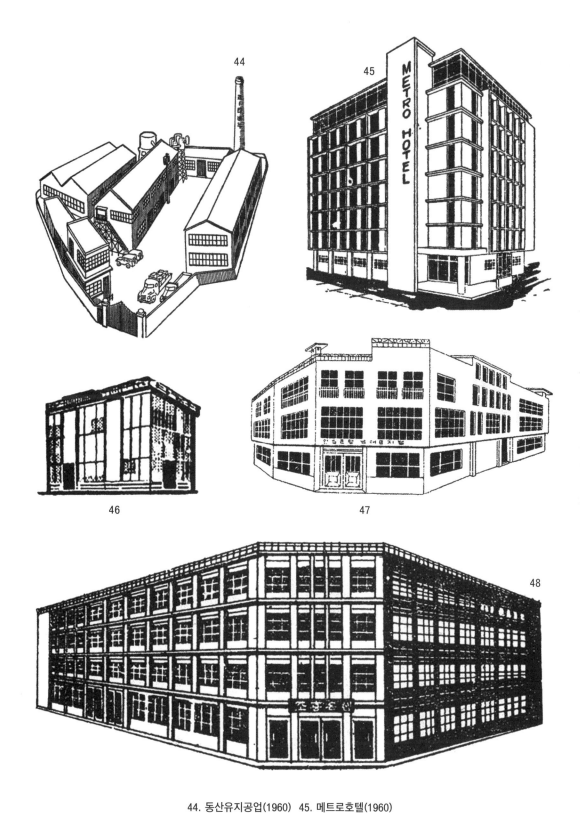

44. 동산유지공업(1960) 45. 메트로호텔(1960)
46. 한국상업은행 혜화동지점(1960) 47. 한일은행 남대문지점(1960) 48. 조흥은행 방산지점(1961)

49. 동원예식장(1961) 50. 경전병원 신관(1961) 51. 대명신제약주식회사(1961) 52. 중소기업은행(1961)

53. 동광삘딩(1961) 54. 대한생명(1961) 55. 천도교예식장(1961) 56. 유네스코회관(1961)

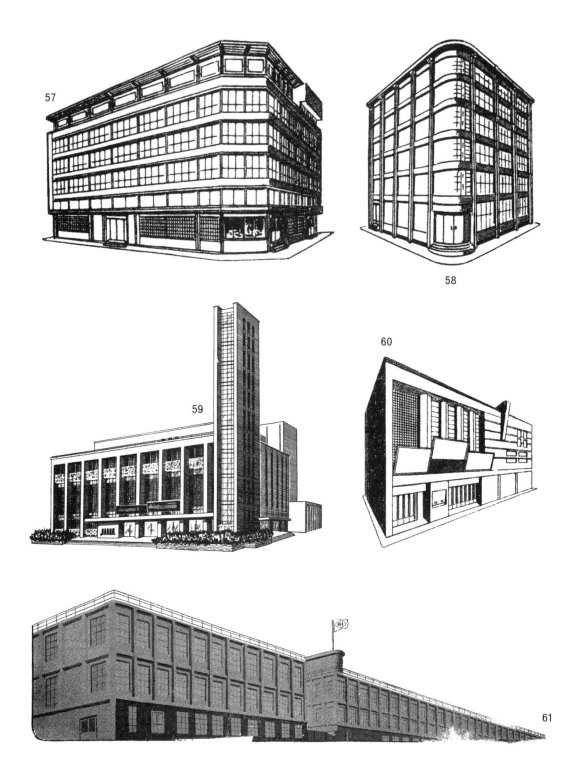

57. 한일은행 을지로지점(1961) 58. 한국상업은행 명동지점(1961)
59. 시민회관(1961) 60. 동대문극장(1961) 61. 한국통신기공업(1962)

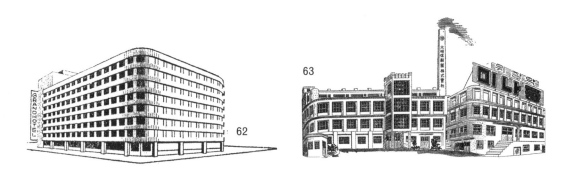

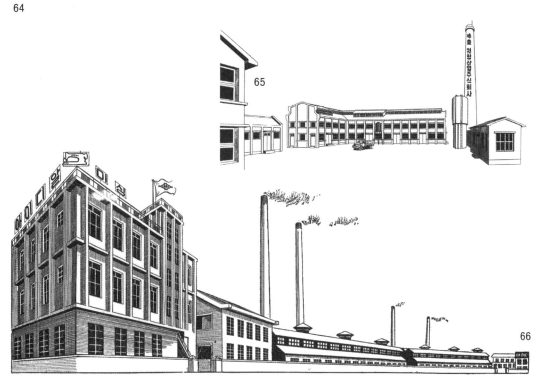

62. 그랜드호텔 레스트란(1962) 63. 대명신제약주식회사(1962)
64. 유유산업(1962) 65. 미풍원형산업(1962) 66. 신한미싱제조주식회사(1962)

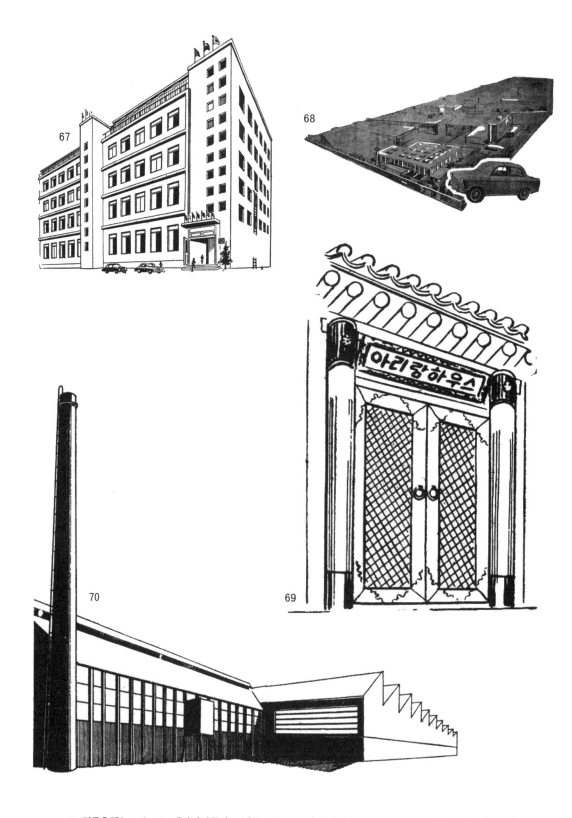

67. 경동호텔(1962) 68. 새나라자동차 공장(1962) 69. 빠-아리랑하우스(1962) 70. 인왕산업공사(1962)

71

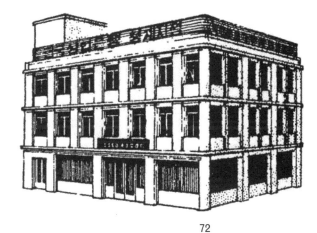

72

73

74

75

71. 제일은행 미아동지점(1962) 72. 한국상업은행 청계지점(1962)
73. 서울은행 부산지점(1962) 74. 스카라극장(1962) 75. 피카디리극장(1962)

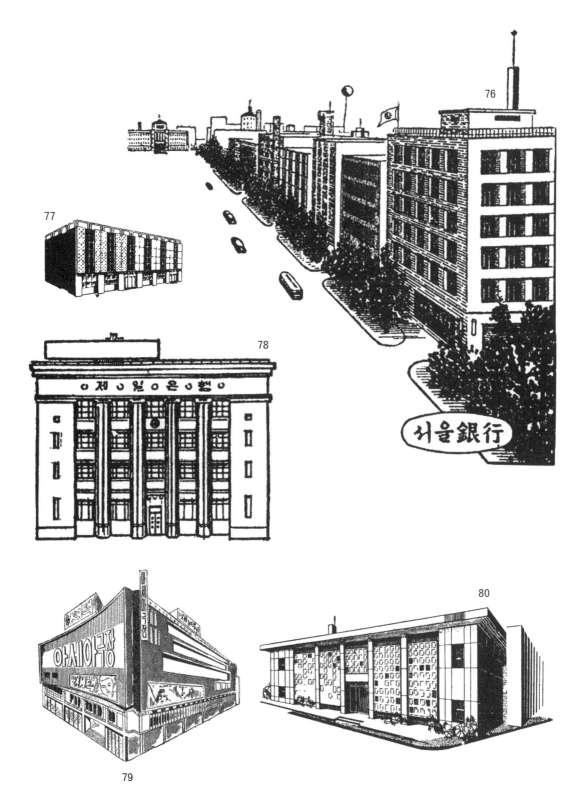

76. 서울은행 남대문지점(1962)　77. 서울은행 노량진지점(1962)
78. 제일은행(1962)　79. 아세아극장(1962)　80. 조흥은행 부산진지점(1962)

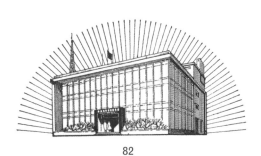

81. 종근당제약(1963) 82. 한국상업은행 부산지점(1963) 83. 한일은행 인천지점(1963) 84. 해태제과(1963)

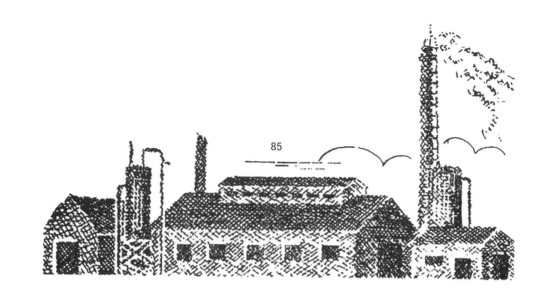

85. 부영비철금속신관공업사(1963) 86. 서울은행 수표교지점(1963) 87. 미우만백화점(1963) 88. 한국상업은행 본점(1963)

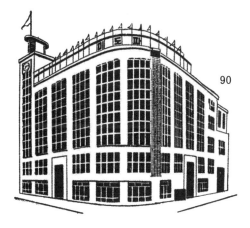

89. 동화백화점(1963) 90. 미도파(1963) 91. 아세아상사 백화점부(1963) 92. 화양극장(1963)

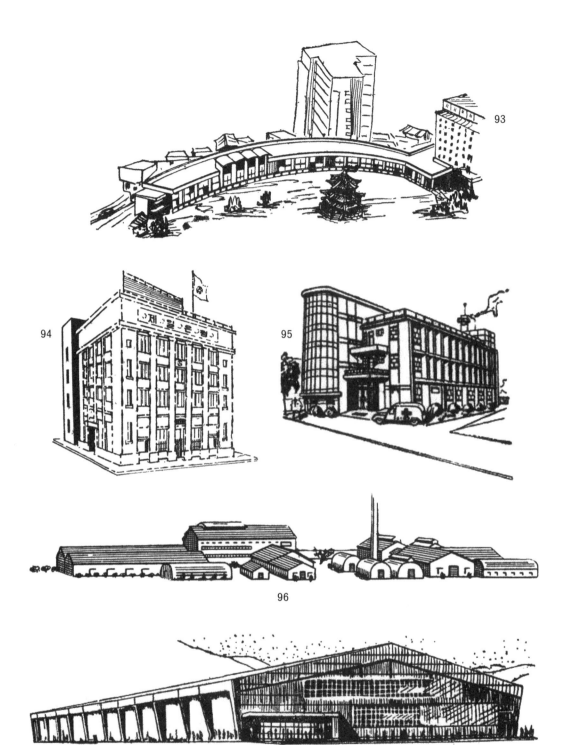

93. 반도·조선호텔 아케이드(1964)　94. 제일은행 본점 별관(1964)
95. 삼일병원(1964)　96. 삼양사(1964)　97. 동대문 스케이트장(1964)

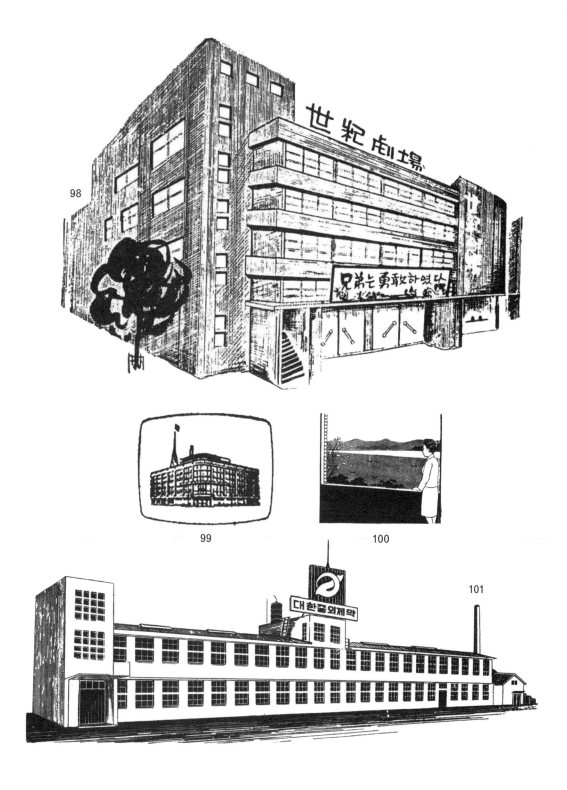

98. 세기극장(1964) 99. 신세계백화점(1965) 100. 용당산호텔(1965) 101. 대한중외제약(1965)

102

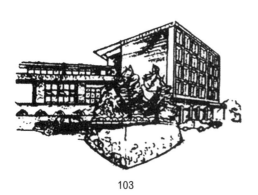

103

104

102. 시대백화점(1965) 103. 호텔앰배서더(1965) 104. 서울은행 청파동 예금취급소(1965)

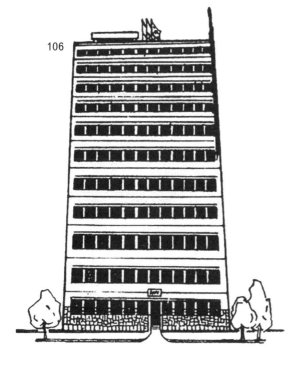

105. 제일은행 성동 예금취급소(1965)

106. 대한교육보험(1965) 107. 서울은행 휘경동 예금취급소(1965) 108. 종근당제약(1966)

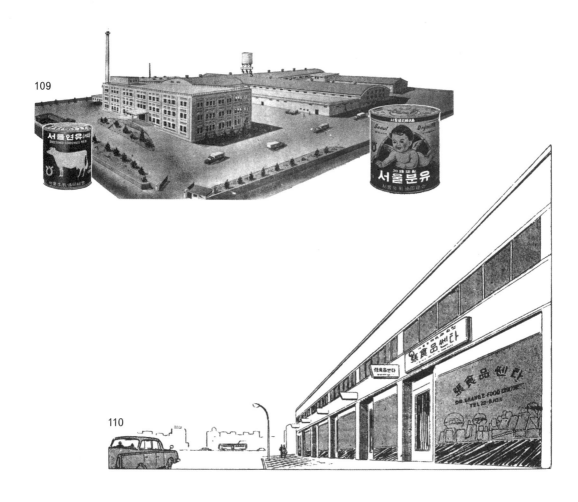

109. 서울분유 중랑교 가공장(1966) 110. 장식품(張食品)쎈타(1966) 111. 황금성(1966)

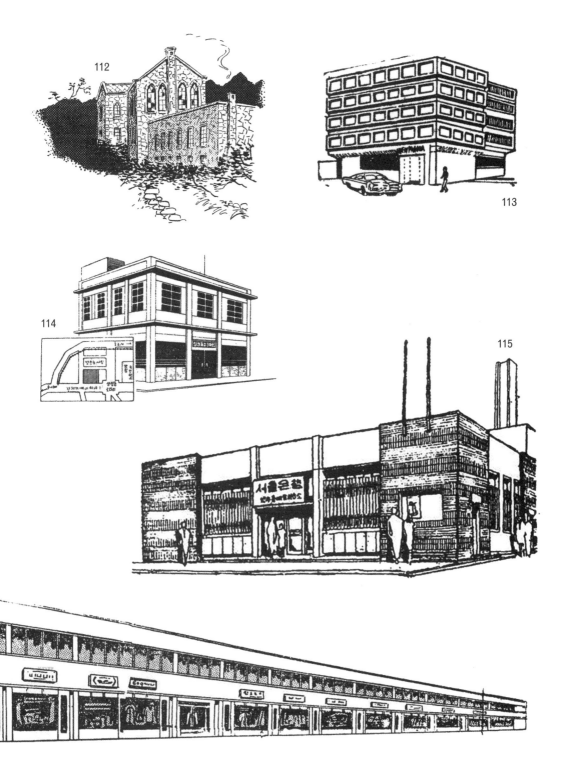

112. 만하장호텔(1966)　113. 뉴-파고다삘딩(1966)
114. 서울은행 양정동 예금취급소(1966)　115. 서울은행 약수동 예금취급소(1966)

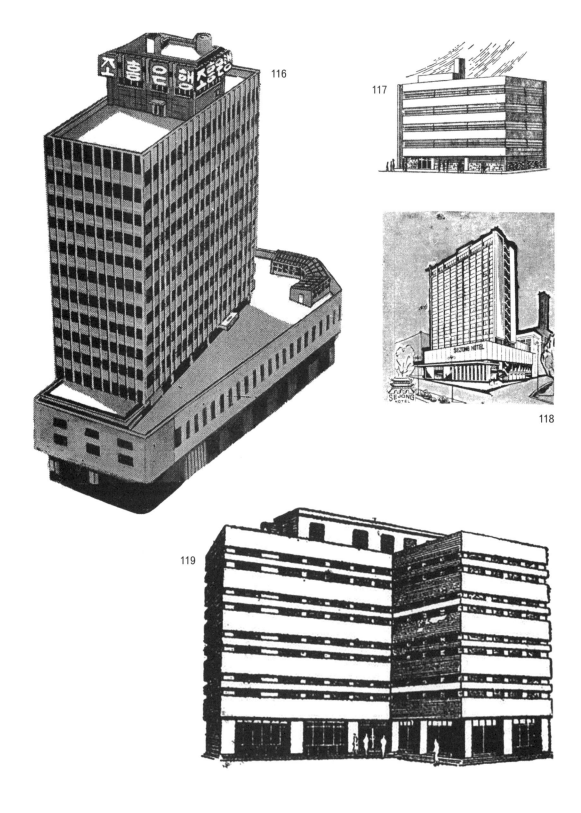

116. 조흥은행 본점(1966) 117. 명동 한일관(1966) 118. 세종호텔(1966) 119. 서울은행 양정동 예금취급소(1967)

120

121

122

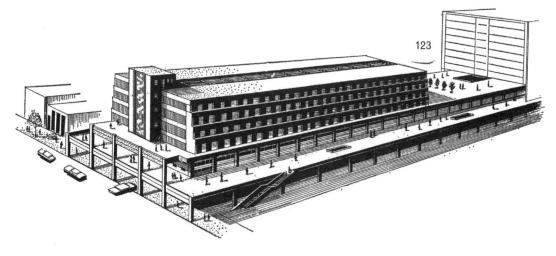

123

120. 동아극장(1967) 121. 천체과학관(1967) 122. 한국상업은행(1967) 123. 청계상가아파트(1967)

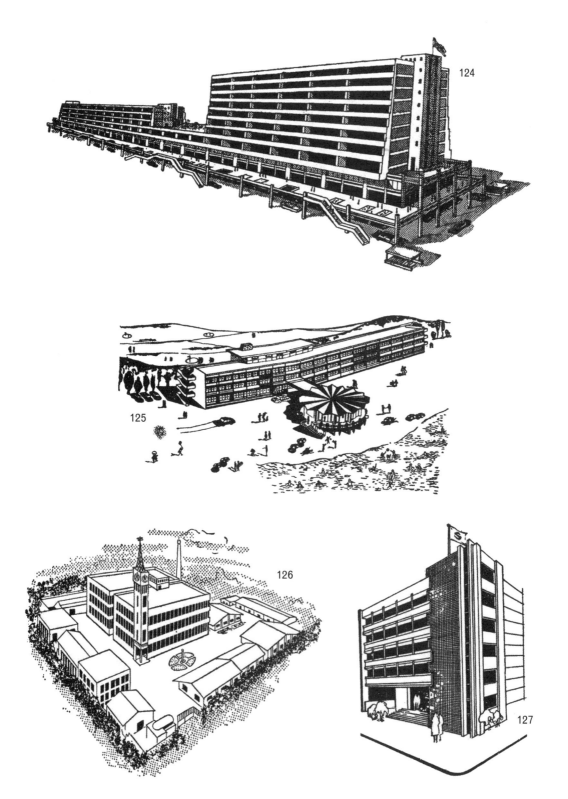

124. 세운(世運) 나동(棟) 아파트(1967)

125. 무창포·그린-비취 클럽(1967) 126. 풍성전기주식회사(1968) 127. 신한병원(1968)

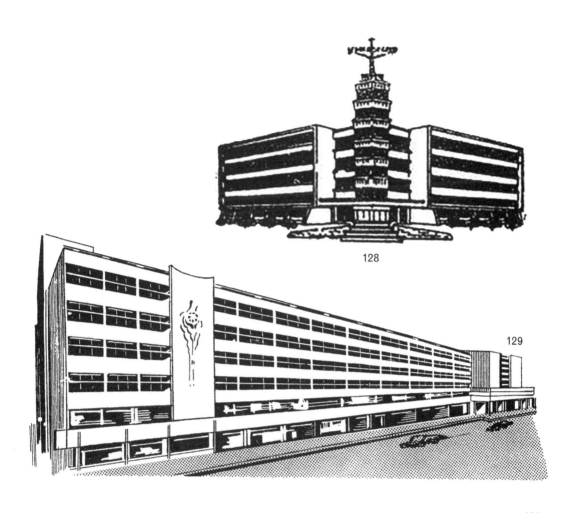

128

129

130

128. 유성관광호텔(1968) 129. 청량상가(1968) 130. 여의도 강변도시(1968)

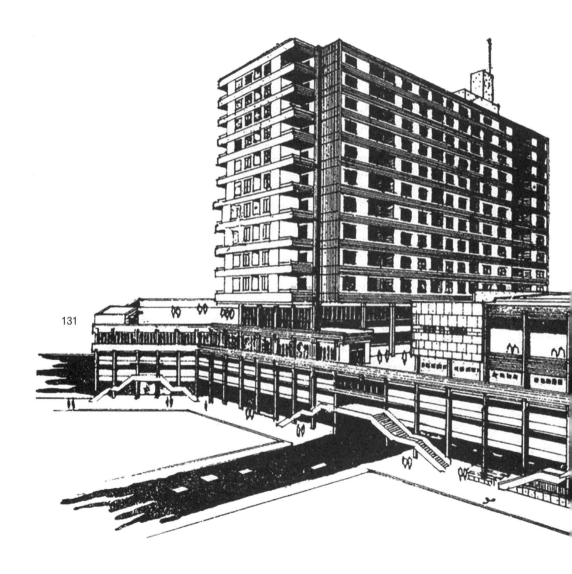

131

131. 낙원슈퍼마케트(1968)

132

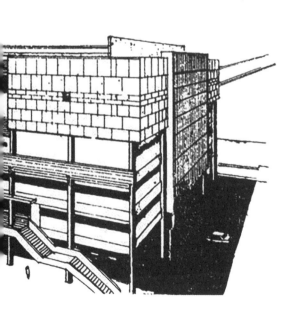

132. 세운상가(1968)

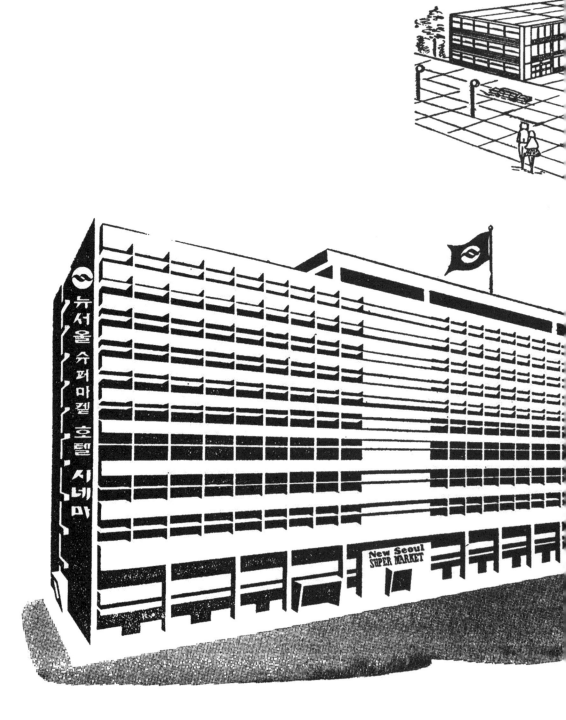

133. 뉴-서울슈퍼마켙(1968)

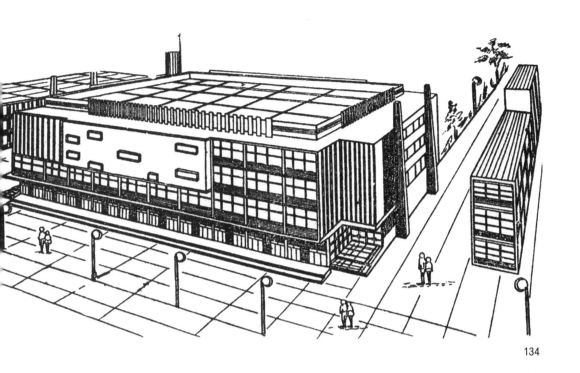

134

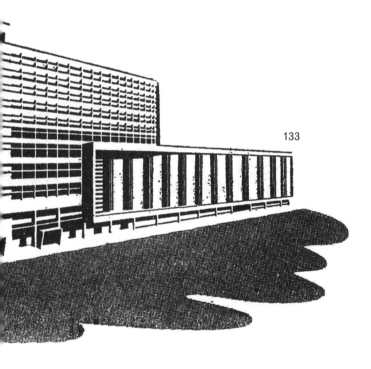

133

134. 월곡시장(1968)

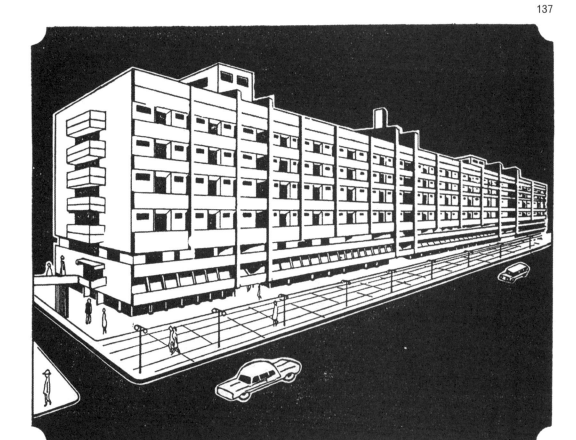

135. 산다호텔(1968)　136. 삼선상가(1968)　137. 우량국산품 전시장(1968)

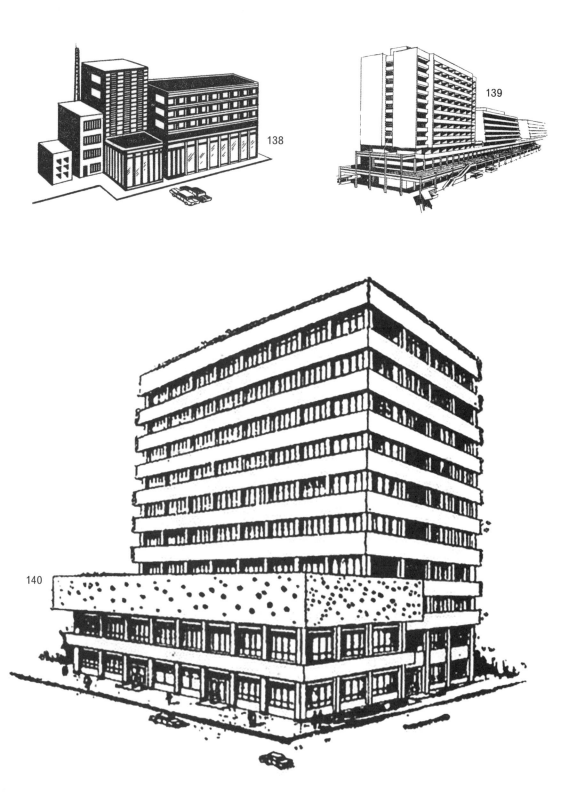

138. 뉴-동래관광호텔(1968) 139. 상원데파트·맨션2동(1968) 140. 중소기업은행 본점(1968)

141

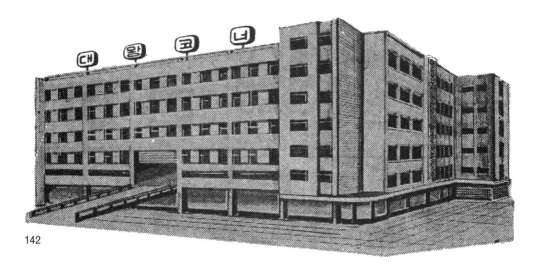

142

143

141. 다이나전자공업 전주공장(1968) 142. 대왕코너(1969) 143. 성·빈센트병원(1969)

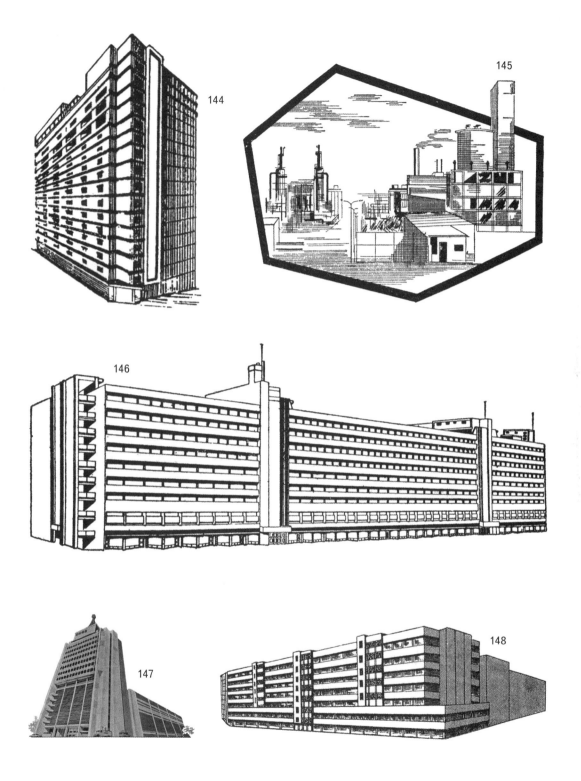

144. 프린스호텔(1969) 145. 호남비료(1969) 146. 부관상가아파트(1969) 147. 문화방송(1969) 148. 신평화상가(1969)

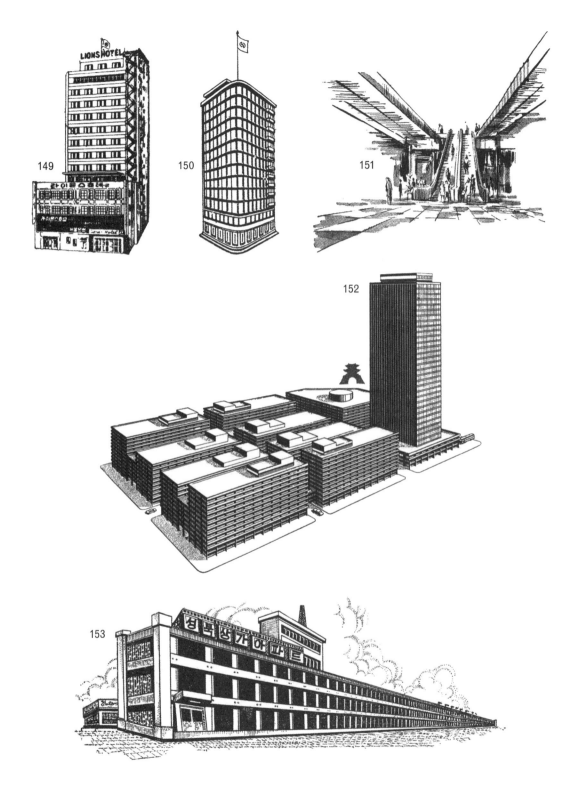

149. 라이온스호텔(1969)   150. 명동백화점(1969)
151. 코스모스백화점(1969)   152. 동대문 종합시장(1970)   153. 성북상가아파트(1970)

154

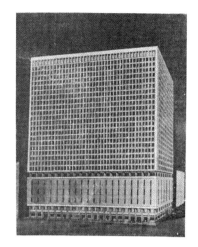

155

156

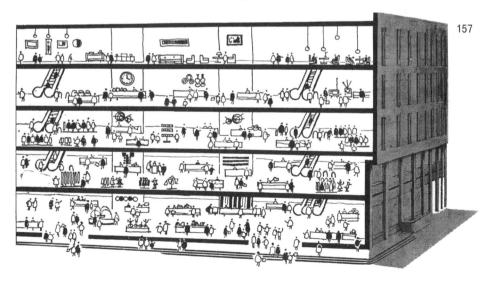

157

154. 풍전호텔(1970) 155. 코스모스백화점(1970) 156. 시대복장 서울공장(1970) 157. 코스모스백화점(1970)

158

159

160

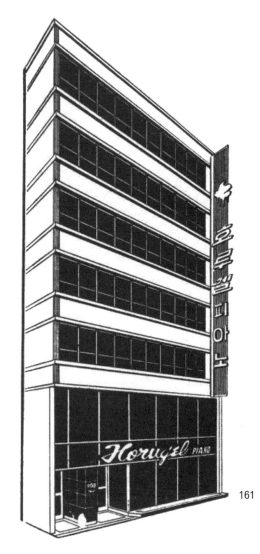

161

158. 신촌상가아파트(1970) 159. 여의도 시범아파트(1970) 160. 동원예식장(1970) 161. 삼익피아노사 신사옥(1970)

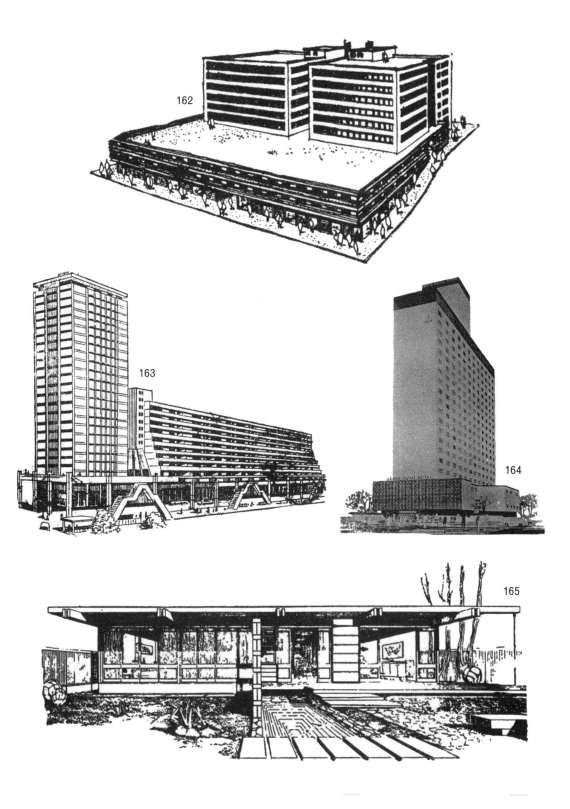

162. 국제시장(1971) 163. 진양데파트·맨숀(1971) 164. 서울로얄호텔(1971) 165. 과림주택단지(1971)

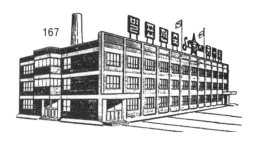

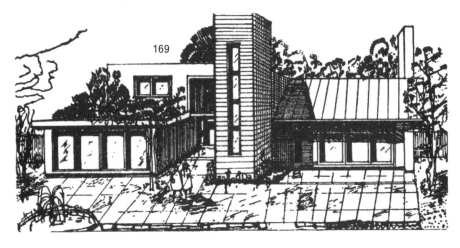

166. 조선호텔(1971) 167. 별표전축 천일사 공장(1971)
168. 비제바노 명동본점(1971) 169. 샘마을 힐싸이드 주택단지(1971)

171

172

170

173

170. 피어선도심맨숀(1971) 171. 서울 도우뀨호텔(1971) 172. 혜성맨숀아파트(1971) 173. 롯데제과 껌 공장(1972)

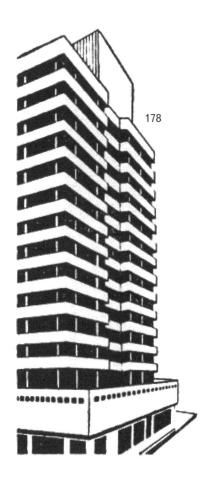

174. 라이온빌딩(1972)　175. 문화관광호텔(1972)

176. 제일약품 용인공장(1972)　177. 하니·맨션(1972)　178. 국민은행 본점(1972)

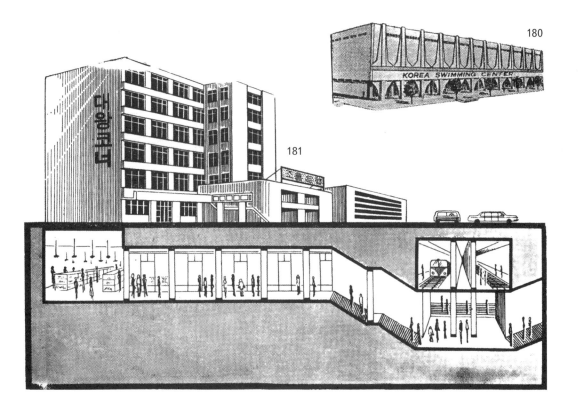

179. 신생어린이백화점(1973) 180. 한국스위밍센타(1973) 181. 대왕코너(1974)

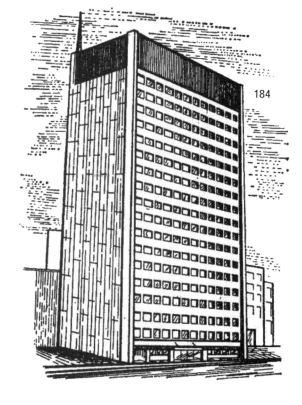

184

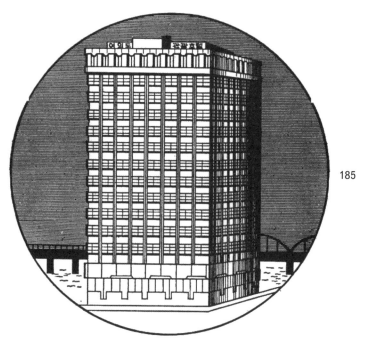

185

182. 제주KAL호텔(1974)
183. 삼부토건 고급 문화주택(1974)　184. 빅토리아호텔(1975)　185. 여의도관광호텔(1975)

186

187

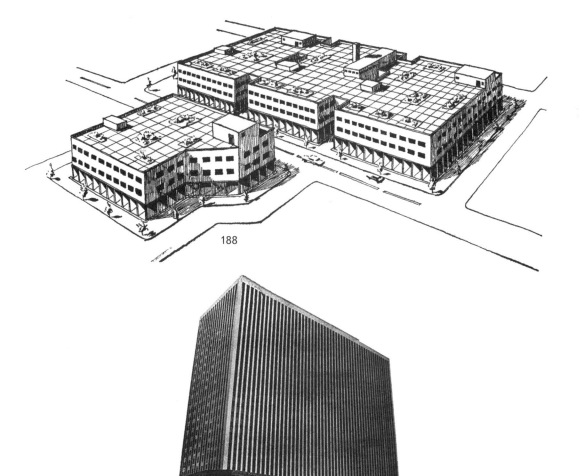

188

189

186. 제3차 해운대SUMMER맨션(1975)
187. 서울은행 본점(1975) 188. 방산종합시장(1976) 189. 대우센터(1976)

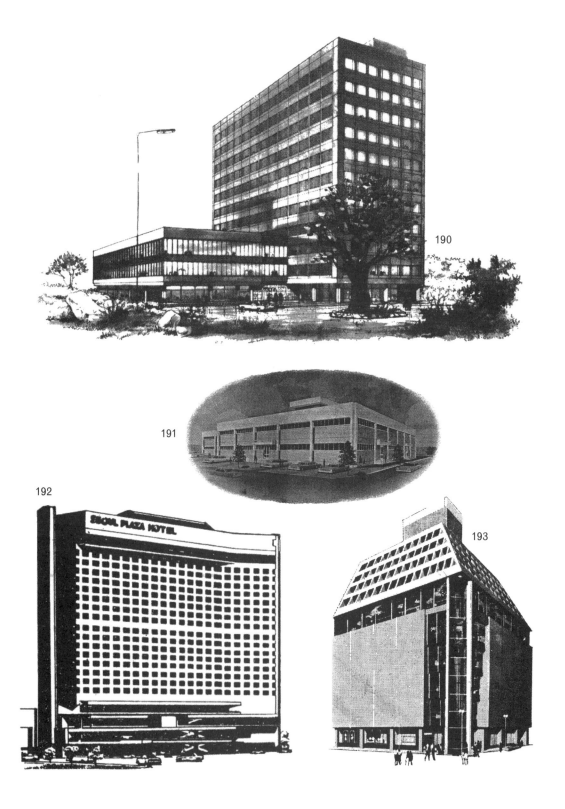

190. 삼양사 본사(1976) 191. 이수중앙시장(1976) 192. 서울프라자호텔(1976) 193. 백화점미즈(1976)

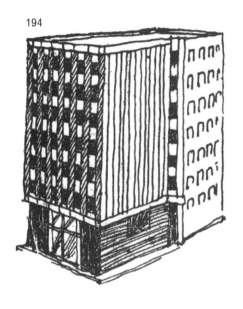

194

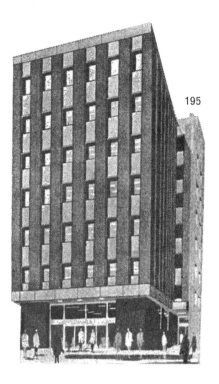

195

196

3

197

明洞旧美術劇場

194. 동서증권(1976)　195. 중앙투자빌딩(1976)　196. 동작동 삼호아파트(1976)　197. 대한투자금융(1976)

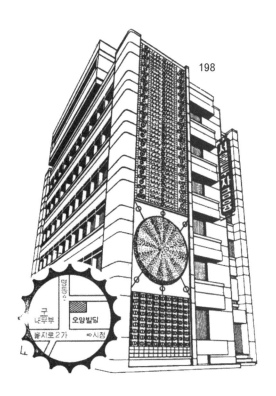

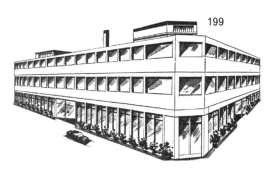

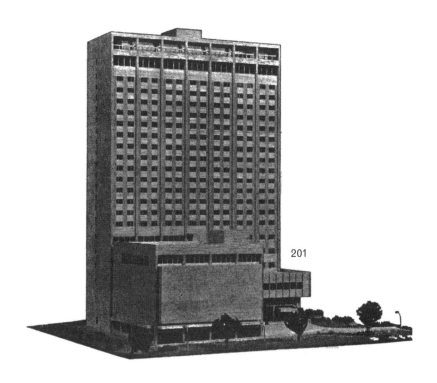

198. 서울투자금융(1976) 199. 북부서울백화점(1976) 200. 로얄쇼핑센터(1976) 201. 제일백화점(1976)

202. 용평스키이장(1976) 203. 새로나백화점(1976)

204

205

206

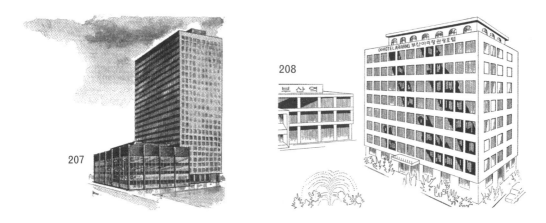

207 208

204. 대림산업(1976) 205. 중외제약 신축 공장(1977)
206. 삼성석유화학 PTA 생산공장(1977) 207. 한국외환은행 본사(1977) 208. 부산아리랑관광호텔(1977)

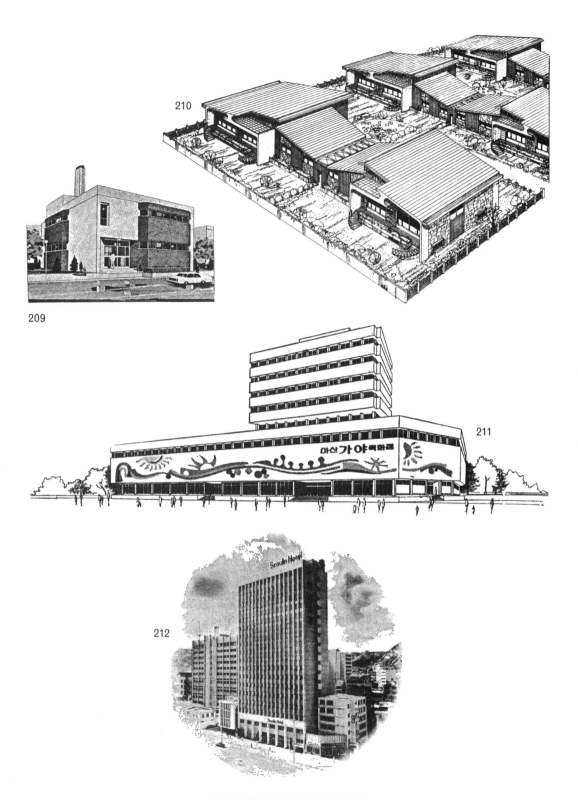

209. 주공아파트 단지 내 목욕탕(1977)
210. 가든타운 전원주택(1977) 211. 마산가야백화점(1977) 212. 서린호텔(1977)

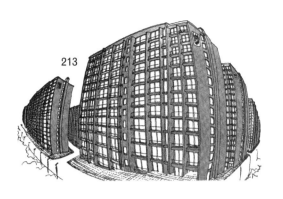

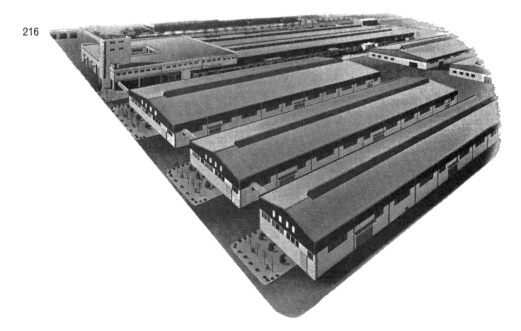

213. 여의도 광장아파트(1977)

214. 유니온가스 창원공장(1977) 215. 도일상가(1978) 216. 대한텔레비전 구미공장(1978)

218

219

220

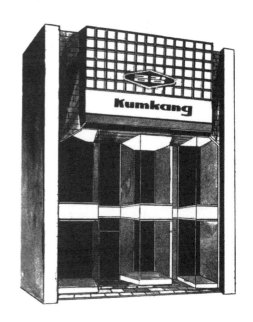

217. 서울우유(1978) 218. 신한양상가(1978)
219. 캠브리지 소공영업부(1978) 220. 금강제화 명동지점·광교지점(1978)

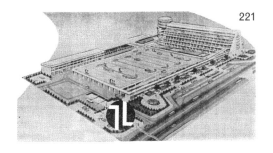

221. 강남고속버스터미날(1978) 222. 호텔롯데(1979) 223. 청담 삼익아파트타운(1979) 224. 삼호쇼핑쎈타(1979)

225. 신반포 7차 아파트(1979) 226. 맘모스쇼핑센터(1979) 227. 롯데1번가(1979) 228. 롯데쇼핑(1979)

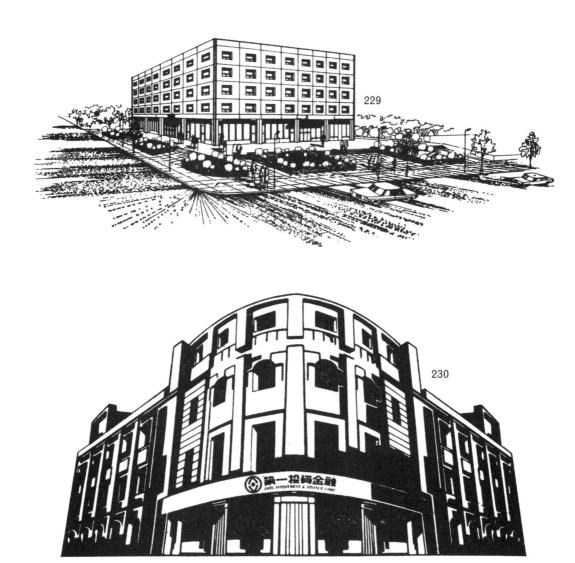

229. 여의도 라이프쇼핑센타(1980)   230. 제일투자금융주식회사(1980)

231

232

233

231. 한일스텐레스(1981)　232. 그린빌라(1982)　233. 서교호텔(1983)

234

235

234. 동방레저콘도(1983) 235. 유일칸트리하우스(1983)

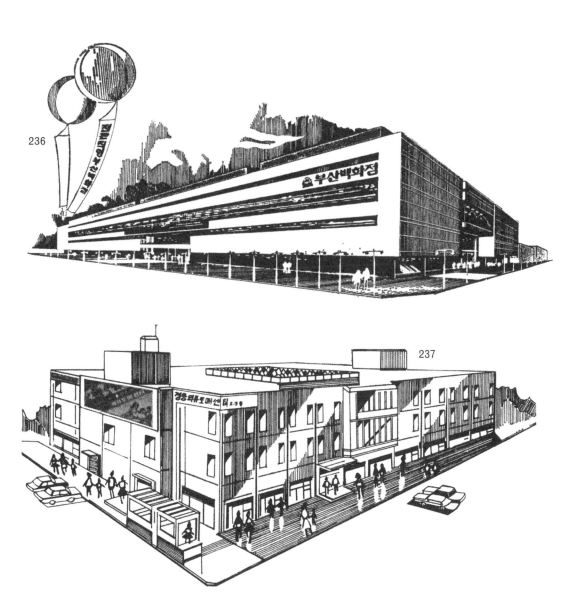

236. 부산백화점(1983) 237. 경동시장 의류센타(1984)

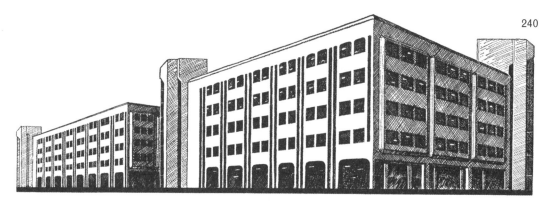

238. 한양주문주택(1984) 239. 유천빌라(1984) 240. 뉴코아백화점(1984)

241

242

241. 성우빌딩(1984) 242. 종로관훈빌딩(1985)

243

243. 로얄빌딩(1985)

신축과 이전
1950-1985 건물 드로잉

이 책은 1950년 이후 1985년까지 대중매체의 광고 지면에 등장한 건물 일러스트레이션을 아카이빙해 광고 문안과 함께 수록한 일종의 자료집이다. 출판사 프로파간다의 장기 프로젝트인 한국의 시각물 아카이빙 작업의 일환으로 시작한 것이나, 주제의 흥미와 중요성에 비춰 건물 드로잉이란 하위분류가 별도의 출판물로도 의미가 있을 것으로 보아 단행본 형태로 발간하게 됐다.

여기에 수록된 이미지들은 대중을 상대로 한 광고에 실린 건물 이미지이고, 이것은 건축가가 설계 과정에서 그리는 스케치 혹은 드로잉과는 전혀 다른 종류의 것이다. 이는 이 책의 출간 목적과 연결되기도 하는데, 과거 인쇄 기술이 미비한 시절에 건물 관련 광고들이 대개는 드로잉 형태로 그려졌기 때문에 이에 대한 아카이빙이 어느 정도는 건축 관련 시대상을 반영하는 면이 있다고 보는 측면이 하나고, 관련 그림들이 건축물 판촉(분양 촉진 등)과 홍보(신축, 이전 등)를 위한 목적으로 만들어진 것이어서 당대 사람들이 관심 가졌던 것을 유추할 수 있지 않을까, 하는 점이다.
　가령, 이미지 유형의 시대적 분포, 예를 들어 1950~1960년대에만 한정되어 있는 극장 이미지, 1960년대를 대표하는 은행과 공장 이미지, 1970년대에 등장하기 시작한 전원주택 이미지 등에서 그 시대상을 추론해 볼 수 있으며, 상가나 쇼핑몰 분양 관련 광고 문안 따위는 사람들이 무엇을 중요하게 생각했는지 여러 측면에서 생각할 거리를 제공해 준다. 학술적인 것과는 거리가 있지만, 이런 점들이 건축 및 시각 분야 미시사 혹은 관련 풍속의 흥미로운 조각이 될 수 있다고 보는 이유다.

책은 모두 243점의 건물 드로잉을 수록한다. 1950~1985년 신문광고에 등장한 대부분의 건물 드로잉 혹은 중요한 드로잉 목록이라고 봐도 큰 무리는 없을 것이다. 짧지 않은 기간 동안 이러한 광고의 중심이 되는 건물 이미지는 물론 일종의 장식 또는 로고처럼 상징적으로 표현된 이미지도 가능한 한 누락되는 것이 없도록 수집했고, 중복되는 것을 정리한 후 시간순으로 나열했다.

한편, 이 책이 다루는 시기(1950~1985년)는 광고에서 건물 이미지가 나타나는 빈도를 기준으로 삼아 정한 것이다. 1950년 전후는 해방 후 혼란과 한국전쟁의 와중에 기간산업은 고사하고 국민을 상대로 한 소비재 중심의 회사도 변변치 않았고, 신문 발행도 정상적이지 못했기 때문에 신문에 광고가 실리는 경우가 사실상 드물 때였다. 1953년에 이르러 첫 번째 건물 이미지가 등장한 연유가 이런 사정을 배경으로 한다. 시기로 보면 1958년부터 광고가 급증했고, 이런 추세가 1972년경까지 이어진다. 이 책을 기준으로 모두 158개의 건물 이미지가 1958~1972년 사이에 등장하는데, 이는 전체의 65%에 해당하는 수치다. 한국 근대화의 압축 성장 시기의 초입에 전 산업에 걸쳐 역동적인 변화가 일어났고, 당시 광고 이미지의 주류가 (사진이 아니라) 일러스트레이션이었기 때문에 나타난 당연한 결과가 아닐까 한다.
　이후 상가 및 시장, 호텔, 아파트 등의 건물 드로잉이 70년대의 주류를 이루지만 양적으로는 감소하는 추세가 완연하다. 경제성장과 함께 전체 광고량은 늘었지만 인쇄에서 사진 제판술이 하루가 다르게 발전하면서 광고 이미지의 주류가 사진으로 교체된 사정과 연동되는 현상이다. 70년대 말에서 80년대 중반 무렵에는 건축 드로잉을 기반으로 하는 광고는 사실상 찾아보기 어려워졌다. 이는 완공되지 않은 건물, 가령 아파트 사전 분양을 위한 광고에서도 드로잉이 아니라 실사처럼 표현한 이미지들이 각광을 받게 된 것과 대조를 이룬다. 당시 대단위 사업이었던 압구정동 현대아파트, 대치동 은마아파트의 분양 광고는 드로잉 기반이 아니라 실사를 모사한 사진 같은 것으로 되어 있다.

　이런 상황적 배경이 건물 드로잉에 대한 유의미한 수집·분류 시기를 1950~1985년으로 삼은 이유가 된다. 이 시기 드로잉의 양적 추이는 대체로 정규분포의 모양을 띤다.

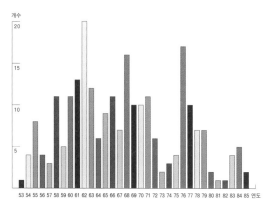

건물 드로잉의 연도별 분포

건물 드로잉의 건물 유형별 분포

드로잉

1950년 이후 1970년대까지의 드로잉은 대체로 약화(略畵) 형태의 일러스트레이션 형식이 대종을 이룬다. 만화처럼 그린 것도 일부 존재하기는 하나, 있는 그대로의 건물 외형을 펜화로 간략해 묘사한 것이 대부분이며 단지 건물의 부피감이 매력적으로 드러나도록 원근감이 강조되는 기법을 썼다. 1954년 광신백화점, 1955년 조선제분과

현대극장, 1963년 한국상업은행 본점 등이 전형적인데, 파사드를 평면적으로 표현한 것(예: 1955년 대구시민극장)보다 스케일이 부각되면서 건물이 더욱 위풍당당해 보인다. 작화가의 개인적 창의력이 아니라 광고를 위한 건물 그림의 속성 또는 관습에 의한 것으로 보는 게 타당할 듯하다.

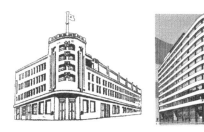

현대극장(1955), 한국상업은행 본점(1963). 건물의 양감을 강조한 드로잉.

실상 이런 이미지들은 일제강점기 신문광고에 실린 건물 그림에서도 찾아볼 수 있는데, 30년대 건물 이미지를 보면 50~60년대의 그것과 거의 구별할 수 없을 정도로 그 특징이 유사한 것을 확인할 수 있다. 공장 그림도 마찬가지다. 소실점이 보일 정도로 원근을 과장해 건물의 규모를 강조한 것이 판에 박은 듯 유사해 보인다. 근대 일본풍 약화 전통이 스민 이런 이미지들이 과거 한국의 광고 지면에 상당 부분 남아 있는 것은 비단 건물 그림뿐은 아니다. 제약, 제과, 잡화 등 업종 광고에는 훨씬 더 짙게 이런 경향이 남아 있고, 점차 흐릿해지는 것은 80년대 이후다.

한청빌딩(1935). 일제강점기 건물 드로잉.

주식회사 와카모토의 약용효모 배양 공장(1940).
일제강점기 건물 드로잉.

이들 이미지들이 약화라는 성격 안에 갇혀 있긴
해도, 전체적으로는 사실 묘사에 입각한 그림으로
평가해야 마땅할 것이다. 대표적인 예로, 건물의
특징을 포착해 쓱쓱 그린 1955년 신신백화점
이미지는 백화점의 외형적 특징, 즉 촘촘하게
나열된 수직선 모양의 2층을 효과적으로 보여
준다. 전통의 화신백화점과 길 하나를 사이에
두고 있던 신신백화점은 1976년 겨울 촬영된
서울시 사진에서 여전히 그 외모를 고수한
채 서 있다. 일제강점기 거부였던 박흥식이
1955년 개점한 신신백화점은 건축가 이천승이
설계했는데, 중앙에 통로가 있는 아케이드 형식의
상가로 커튼월 구조에 중앙 통로에는 분수대가
있었다고 한다.(정연석, ‹중앙선데이› 549호,
2017년 9월 17일 기사 참조) 신신백화점은
1983년 철거되었고, 현재는 이 부지를 사들인
SC제일은행의 본점이 옛 화신백화점(1987년
철거) 자리에 위치한 종로타워와 마주 보고 있다.

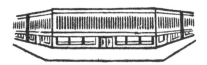

신신백화점 드로잉(1955).

1976년 신신백화점(왼쪽)과 화신백화점(오른쪽) 전경.

80년대에 가까워지면서 드로잉은 점차
현대적 광고의 면모를 갖춰 다양한
퍼스펙티브(perspective)와 정확한 묘사를
보여 주는 방향으로 나아간다. 도심지 환경
개선을 위한 서울시 재개발사업의 하나로 계획된
1985년 로얄빌딩의 경우, 부감으로 내려다보는
시점의 이미지가 이 건물의 특징인 매스 전체를
결속한 수평 라인을 강조함으로써 정제된 인상을
표현하는 것을 볼 수 있다.

   신축과 이전
건물 드로잉과 함께 실린 광고들이 직접적으로
지시하는 것은 이들 광고가 대부분 ‘신축’과
‘이전’이라는 이벤트의 일환으로 집행되었다는
사실이다. 한국전쟁 이후 상당 기간, 주목할 만한
상업 건물이 준공할 즈음 ‘신장개업’, ‘개관’,
‘개점’, ‘신축’, ‘창립’, ‘신설’이라는 문안을 앞세워
공고 형식의 광고를 내는 일이 일종의 풍속처럼
여겨졌다. “강호제현의 절대적인 성원에 힘입어
신축하였기 배전의 애호 바라나이다” 하는
식의 인사말과 비슷한 ‘신축’ 광고가 1960년대
중반까지 성행했고, 이후 현대적인 문제와
어법으로 가다듬은 형태로 이어졌다.
   ‘이전’은 ‘신축’과 동전의 양면을 이루는
것으로 대체로 다음과 같은 구성을 취하고
있다. “고객 여러분의 번영과 행복을 위하여
봉사하여 온 당행은 이번에 본점을 신축, 이전하게
되었습니다”(1968년 중소기업은행 본점), “새
사옥에서 여러분을 모십니다. 저희 동서증권은
명동 새 사옥으로 이전하면서…”(1976년
동서증권). 개발 시대 한국의 건축물 소재 광고를
관통하는 중요한 키워드 중 하나로 ‘신축과
이전’을 제시한 것에는 이런 상황적 배경이 있다.
광고 문안을 조금 더 검토해 보면, 그 중심에는
역시 ‘신축’ 건축물의 특장(特長), 구체적으로는
당시 사람들이 선망했던 선진 문물의 상징들이
중심에 자리한다. 초기 냉온방 환기장치부터 건물
안에서 이동성을 획기적으로 증진시키는 설비인

엘리베이터와 에스컬레이터, 화재가 빈번했던 시기의 첨단 방재 시설로 소개된 스프링클러, 지하 공간을 새롭게 정의한 선큰가든 따위의 설비와 공법 등을 강조했다. 관련해, 1967년 한국상업은행, 1969년 코스모스백화점 광고에는 에스컬레이터의 '첨단' 이미지가 두드러지는데, 여러모로 에스컬레이터가 현대적인 건축설비의 대표적인 표상으로써 한동안 소비된 증거로 봐도 무리가 없을 것이다. 물론 이런 설비는 신축 건물의 위상을 뒷받침하는 요소로 쓰였다.

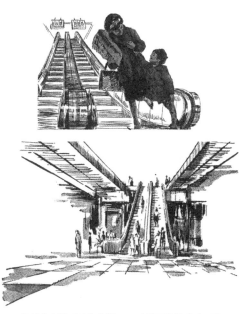

에스컬레이터를 전면에 내세운 1967년 한국상업은행 광고(위), 1969년 코스모스백화점 광고(아래).

남아 있는 것들

서울 마포구 마포경찰서에서 아현동 쪽으로 조금 이동하면 왼쪽 편에 '혜성'이란 레터링이 인상적인 오래된 아파트 단지가 보인다. 1972년 10월 입주한 1개 동 12층, 94세대의 공동주택으로 1971년 "중심가에 우뚝 솟은 혜성과 같이 나타난 초현대식 혜성맨숀아파트 분양"이라는 광고 문구와 함께 부피감을 과장한 드로잉으로 이 책에 등장하는 건물이다.

발걸음을 옮겨 광화문 방향으로 이동하면 5060세대의 뇌리에 선명하게 남아 있을 정동 문화방송 건물(현 경향신문 사옥)을 볼 수 있다. 1974년 경향신문과 통합되기 전 일정 기간 9층 이상은 관광호텔로 사용되었고, 영업 부진으로 호텔 사업은 금방 그만뒀다고 하나 그 흔적이 작은 광고 이미지로 남아 이 책에 실려 있다(1972년 문화관광호텔).

경향신문 사옥 바로 옆에는 이 책에 '피어선도심맨숀'(1971년)이란 이름으로 수록된 피어선빌딩이 있다. "도심 생활에 알맞은 피어선도심맨숀"이라는 광고 문구에 걸맞게 이 건물은 중산층을 위한 도심형 복합건물의 원조로 평가된다. 외형적으로 저층부와 고층부의 층고가 확연히 달라 보이는데, 아래 3층은 상업 시설, 그 위는 주거 시설로 계획된 건물이었다. 현재 이 건물은 켜켜이 쌓인 세월의 흔적과 함께 건물 전체가 임대 사무실 용도로 쓰이고 있다.

여기까지 온 김에 '중구 태평로 2가 52번지'를 검색해 찾아가면 '북창동 음식거리' 표식의 기둥이 반겨 주는 2층짜리 상가 건물에 당도하게 된다. 광고에 실린 건물의 구조로 보아 이곳이 1978년 9월 30일 영업을 개시한 양복 브랜드 '캠브리지 소공영업부'가 있던 곳이 확실해 보인다. 외관의 느낌은 크게 변모했으나 건물의 다각형 구조는 이미지와 거의 같다.

이 여정의 마지막은 중구 을지로의 '한국외환은행 본사'(현 KEB하나은행 명동 사옥)다. 명동 지구 재개발사업의 일환으로 계획되었고, 1973년 현상설계 경기에서 당선된 정림건축이 설계하고 1980년 준공했으나 이 책에는 건축 중이던 1977년 초 창립 10주년 기념 광고에 드로잉으로 등장한다. 정림건축의 자료에 의하면 이 프로젝트는 국제적 은행으로서의 성격과 을지로 도시 패턴 형성의 시발점이라는 비중을 가지며, 고층부 사무실과 랜드마크적 포디움(podium) 영업장으로 구성되었다. 또한 선큰가든의 첫 시도로 지하 공간을 개방,

혜성맨숀아파트
드로잉(1971)과 현재 모습

문화관광호텔
드로잉(1972)과 현재 모습

피어선도심맨숀
드로잉(1971)과 현재 모습

캠브리지 소공영업부
드로잉(1978)과 현재 모습

한국외환은행 본사
드로잉(1977)과 현재 모습

사진: 신병곤

활성화하고, 보안을 건물 자체에 국한하여 담장을
없애고, 옥외 공간을 공개하여 도시 공간화를
실현한, 70년대 은행 건축을 대표하는 작업이다.

이 책을 준비하면서 편집부는 과거 광고에
실린 건물 이미지가 현재 어떤 모습으로 남아
있는지 이따금 구경 삼아 다니며 확인하곤
했다. 크고 작은 랜드마크들, 세운상가와
강남고속버스터미널, 롯데쇼핑, 서린호텔,
서울프라자호텔, 유네스코회관 등은 외형을
간직한 채 그대로 있고, 용도와 소유주가 바뀌긴
했으나 한국상업은행 본점(현 한국은행
소공별관), 대우센터(현 서울스퀘어),
미도파백화점(현 롯데백화점 영플라자 명동지점)
등도 자리를 지키고 있다.
　　반면, 영화관을 비롯한 중소형 건물의 많은
수는 이제 사라지고 없으며 어쩌면 몇몇 건물은
이 책에 소개된 작은 드로잉 한 장으로밖에
기억할 만한 것이 없을지도 모른다. 이 그림들이
처음 광고에 실렸을 때는 '신축'이거나 적어도
혈기 왕성한 존재였으나, 불과 두 세대 남짓하여
아카이빙 대상이 되었다는 점도 한국의 현실과
연동해 많은 감상을 불러일으킨다. 한국 건축의
편린 혹은 흔적이자 독특한 시각 아카이브로 즐길
만한 것이 되길 바란다.

　　편집부

광고 문안들

– 다음은 건물 드로잉과 함께 실렸던 광고 문안이다.
– 한글 맞춤법은 당시의 것을 따랐다.

1953

1. 천일백화
(서울시 종로 4가)

복귀(復歸) 시민(市民)의 요청에 부응코저 획기적 대확장! 노포(老舖) 천일에서는 동란 직후 부흥과 문화의 첨단인 백화점업에 진출한 후 1년여에 금일의 대번영을 보게 된 것은 전혀 강호제현(江湖諸賢)께옵서 애호 편달하여 주신 덕택이여서 감사하는 바로소이다. 금반(今般) 진일보하야 복귀 시민의 요청에 부응코저 백화점의 획기적인 대확장을 명춘(明春) 1월 10일을 기하야 좌기(左記)와 여(如)히 단행하오니 배전(倍前) 애호하여 주심을 경망(敬望)하옵나이다.

- 금반(今般): 이번에
- 명춘(明春): 내년 봄
- 여(如)히: 같이
- 배전(倍前): 이전의 갑절

1954

2. 대한환금장유주식회사
(마산시 신포동 2가 100번지)

값이 싸고 맛 좋다는 말만 듣고 볼 수 없는 마산 환금 간장 된장 한 달 후에 나옵니다! 동양(東洋)에서 굴지(屈指) 하는 대규모의 공장 시설, 30년의 긴 역사와 최고 기술을 자랑하는 품질 본위 순 곡장이 일반 시민에 봉사하려 한 달 후에 나옵니다! 가정 양조 재래 폐습(弊習)을 일소(一掃)하고 전 국민의 시간 노력 경제생활 식생활의 합리화를 도모하려 마산 환곡 간장 된장이 대사명 걸머지고 한 달 후에 나옵니다!

3. 평화극장

신장 개관 기념 특별 대공연!

4. 미도파백화점

8월 1일 개점. 재건(再建)! 서울의 새 위용(偉容)!!

5. 광신백화점
(서울시 종로구 예지동 39번지)

개업 안내! 본 백화점에서는 래(來) 11월 10일부터 시민 강호첨언 (江湖僉彦)의 편리를 도모코저 각종 물품을 풍부히 구비하옵고 개업하겠 아오니 소만왕림(掃萬枉臨)하시와 고람(高覽)의 영(榮)을 앙망하나이다.

1955

6. 동화백화점

생산에는 우량품! 소비에는 국산품!! 개점 2월 20일. 움트는 새싹과 더불러 대자연의 태동이 비롯하는 이즈음 동포

여러분의 건강을 삼가 비나이다. 오랫동안 미국 PX로 사용되던 여러분의 동화백화점을 완전히 명도받아서 그동안 보수공사를 진행 중이던 바 드디어 이달 20일을 기하여 문을 열게 되었읍니다. 여러분께서 일상에 긴히 쓰시는 여러 가지 물건을 진열하여 정가표대로 확실하고 명랑한 거래를 하고저 하오니 많이 이용하여 주시기 바라나이다. 특히 국산품을 장려하는 의도 아래 다방면으로 힘쓰고 있아오니 여러분의 절대하신 성원을 바라 마지않습니다.

7. 남대문시장 CD동

수(遂)!! 개점(開店) 남대문시장 CD동(棟). 점포 대여 개시. 희망자는 본사 남대문시장사업소에 신청 요망.

- 수(遂): 드디어

8. 조선제분

수(遂)! 1일 생산 8,000대(袋) 돌파!! 질과 양을 자랑하는 조분(朝粉)의 제품. 단연! 외래품을 능가하는 국산 우량 소맥분.

- 대(袋): 부대

9. 한양호텔
(서울시 종로구 낙원동 4가)

한양호텔 개업. 자가용 자동차 무료 제공.

10. 현대극장
(부산시 중앙동 3가 181번지)

현대극장 개관 박두. 한국 초유의 완전 입체음향, 최신 냉·온방 환기 장치. 신축 현대극장은 착공 이래 물심양면의 애로(隘路)를 겪으면서 연내로 개관 목표를 세우게 된데 대하여는 오로지 시민 제위(諸位)와 경향 각지의 사계(斯界) 선배들의 절대적인 애호와 성원의 결정(結晶)이옵기 이에 심심한 사의를 표하나이다. 부산의 심장부인 역전(驛前) 화재지구(火災地區)의 당 신축 현대극장은 역전의 재건 촉진과 아울러 상가 발전에 일조가 될 것을 자부하고 또한 항도(港都) 부산과 나아가서 한국 문화계에 일층(一層) 선량(善良)한 제(諸) 의무와 수준 향상에 장족의 공헌은 각오한 바 있어 건물 1천여 평에 여름에는 냉풍(冷風), 겨울에는 난풍(暖風), 최신의 음향 영사와 각종 내부 장치 및 위생 시설에 이르기까지 기(幾) 10년 후에도 현대(現代)라는 이름에 손색이 없게끔 하기 위하여 세심한 시공에 있아오며 다만 앞으로 어떻게 하였으면 항상 극장을 통하야 내외(內外) 문화와 세계 풍속 예술을 호흡하고저 하시는 여러분의 고상한 취미에 만족할 수 있는 작품을 상영드릴까 하는 일념에서 연내로 개관할 준비가 거의 완료 되었아옵기 좌기(左記)와 여(如)한 건물 안내와 더부러 개관에 앞서 지상(紙上)을 통한 인사 말씀을 들이오니 끊임없는 애호 성원을 삼가 바라나이다.

11. 자유백화점
(서울시 중구 남대문로 3가 17)

자유(自由)를 애호(愛護)하시는 시민 여러분 반드시 오십시요. 자유백화점으로. 친절본위(親切本位), 신용본위(信用本位), 박리본위 (薄利本位).

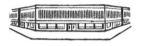

12. 신신백화점

11월 15일 개점 기념, 일 매상 전액 반환 대매출! 대매출 기간 중 일별로 매상하신 고객에게 매상표를 교부하여 대매출 기간 완료후 1일을 추첨하여 당첨된 일에 매상하신 고객에게 전액을 반환하는 한국 초유의 대용단 (大勇斷).

13. 대구시민극장
(대구시 대신동 파출소앞)

축 개관, 대구시민극장.

1956

14. 동양 비니루·리노륨 주식회사 직판부
(서울시 중구 충무로 2가 1번지)

여러분, 꽃장판·리노륨을 까실 때에는 반드시 이곳으로.

15. 크라운산장

서울시 정릉동 신장개업, 한국 초유 건축설계. 경양식(輕洋食), 생맥주(生麥酒), 삐야홀.

16. 화신백화점

화신백화점은 6월부터 복구공사에 착수하여 9월 말로 완전 수리하고 내부 장식을 완료하여 드디어 10월 15일 개점하게 되였습니다. 개점 후에는 합리적으로 운영하여 여러분의 일용품 공급 기관으로서의 사명을 다할까 하오니 강호제언의 절대(絶大)하신 애호(愛護) 지도(指導)를 바라 마지않는 바입니다.

17. 서울구락부
(서울시 충무로 1가)

22일부터 신장개업. 찬란(燦爛)하고도 호화(豪華)스러운 장치(裝置), 고상(高尙)한 분위기(雰圍氣) 속에 교착(交錯)하는 환희(歡喜)와

우수(憂愁) 보시라. 동양 일류의 수준을 지향하는 나이트클럽, 서울의 실태(實態)를.

선전탑(宣傳塔).

1957

18. 국제극장
(세종로 네거리)

국제극장, 드디어 29일 개관! 객년(客年) 9월 이래 시공 중이던 당 영화관은 첨위(僉位)의 돈독(敦篤)하신 성원을 입사와 세계적으로 영화관 설계의 최신형인 한국 최초의 스타디움식 1천 6백여 석과 1957년도 최신형 웨스트레스 영사기 및 입체음향 4본 트랙 등을 비롯하여 냉온 공기 조화장치 및 현대식 휴게실과 이상적 위생 시설을 완비하옵고 친애하는 시민 제위를 위한 첫 위안(慰安) 푸로로 다음의 거작 영화를 가지고 앞으로 은막의 문화전당으로써 이바지하고자 만반 준비를 착수 진행 중 드디어 29일부터 개관하게 되였아오니 건전한 영화예술의 향상 발전을 위하여 더욱 지도 편달이 있으시옵기를 바라옵나이다. 우선 개관에 즈음하여 삼가 인사 말씀을 드리나이다.
· 객년(客年): 지난해
· 첨위(僉位): 여러분

19. 대화삘딩
(대구시)

지상 5층 지하 1층 철근 콘크리-드조(造). 옥상 4면 상용 전기(電氣)

20. 한일관
(종로구 청진동 119)

신축 개업!! 10월 6일. 근대식 건물, 참신한 내부 설비. 대중 식사의 전당(殿堂) 한일관 본점.

1958

21. 호수캬바레·호수예식장
(부산시 동광동 운남공원 입구)

수(遂)! 새로운 땐스홀 완성!! 근대건축의 정수를 다한 호화찬란한 제(諸) 시설. ▶고상하고 화려한 피로연 회장을 구비한 대결혼식장. ▶이용원과 그 악단(처음 보는 '탱고'와 '스윙' 뺀드).

22. 동화백화점

개점 3주년 기념 대확장, 3월 6일 신장 개업. 희망에 찬 새봄을 맞이하여 귀체(貴體) 금안(錦安)하심을 축원하나이다. 금반(今般) 저희 백화점은 개점

3주년을 맞이함에 있어서 기대에 부응하고저 각부 매장을 대폭 확장하는 동시에 내부를 개수(改修), 단장(丹裝)하고 생활필수품을 위시하여 백화점으로서의 제반 상품은 물론 모든 시설도 갖추어 언제나 무엇이든지 마음 놓고 즐길 수 있고 이용할 수 있는 만반 준비가 완료되어 예정대로 3월 6일 신장개업을 보게 되었습니다. 이는 오로지 여러분의 부진(不盡)하신 후원과 지도(指導)의 결과로서 감사하는 바입니다. 여러분의 육성체인, 여러분의 백화점이 자라고 또 자라 이번에 3주년의 영광된 날을 맞이하게 되와 굳건하고 씩씩한 모습으로 길러 주신 여러분께 인사드리고저 하오니 신장개업을 기(期)하시와 배전(倍前)의 사랑과 돌봐 주심을 가일층(加一層) 베풀어 주시옵기 삼가 바라나이다.

23. 세기극장
(서울시 종로 3가)

세기극장 개관 박두. 근대적 최신 시설을 구비한 150만 시민의 오락과 문화의 전당!

24. 시대복장 공장
(부산시 토성동 1가 10)

최근대식 복장 제품 공장 신축!

여러분의 절대적인 애용을 받고 있는
와이샤쓰를 비롯하여 각종 남녀, 대인,
소아용 복장을 특종기화(特種機化)로
제품(製品)하여 품질우량(品質優良)·
염가판매(廉價販賣)를 신조로
여러분의 기대에 응할까 하나이다.

25. 제일생명보험
(서울시 중구 저동 2가 73-4)

너도 나도 퇴직 보험, 내일의 행복
이룩하자.

26. 동방생명보험
(서울시 중구 남대문로 2가
8-1)

자녀 교육에 희소식(喜消息)!
동방생명의 연금식 교육보험 출현!

27. 서대문극장
근대적 최신 설비를 구비한 150만

시민의 오락과 문화의 전당,
서대문극장 개관 박두! 개관 추석
푸로. 바-트 랑카스타 주연 〈반항〉.

28. 아카데미극장
(서울시 시네마코리아 옆)

개봉 극장 탄생되다. 최신식 시설을
구비하고 새로운 시대적 감각을
호흡할 수 있는 극장, 아카데미극장.

29. 봉래극장
(서울역 뒤, 만리동 입구)

최신 설비의 오락 전당, 봉래극장
드디어 26일 개관.

30. 을지극장
(을지로 2가 중구청 앞)

일류 개봉관 탄생! 을지극장 개관 박두.

31. 사보이호텔
(서울시 충무로 1가)

철근 콩크리 지상 7층. 양실(洋室)
온돌(溫突) 화실(和室) 70여
객실에 욕실(浴室) 스팀 난방 전화.
호화로운 식당, 휴게실, 승강기,
주차장 완비.

1959

32. 한양의약품주식회사
(서울시 종로구 종로 3가 20)

국내 생산 의약품을 총망라. 국산
의약품의 대전당, 수입 유명 약품 구비.

33. 동양 스파 나이롱 제3공장
화학섬유 직물계에 일대 혁신! 고성능
특수 기계 한국 초도입(初導入)!
극동에 최초로 수입된 세계
최우수 시설에서 생산되는 제품이
계절과 더부러 한국에 탄생!
초현대화(超現代化)의 동양 스파
나이롱 공장.

34. 서울중부시장
(서울시 중구 오장동)

서울중부시장 신축 수(遂)! 개관. 대망의

개장은 2월 26일! 본 시장은 국가 시책에 따르는 서울시 3대 시장의 하나로 객년(客年) 3월 3일에 기공 이래 현대식 철근 콘크리-트 2층 건물로 제반 시설이 완비되었으며 각 업종별로 구획된 한국 초유의 모범 시장이오니 강호첨위(江湖僉位)께서는 많이 지도(指導) 편달(鞭撻)하시고 널리 이용하여 주시옵기 앙망(仰望)하나이다.

35. 동양제과

오리온의 영양소(營養素) 해피 비스켈. 현대 과학의 성공적인 소산으로써 고도의 영양소를 포함시킨 제품입니다.

36. 서울은행
(서울시 중구 소공동 116-1)

새로운 은행(銀行)·새로운 경영(經營). 12월 1일 창립 개업.

1960

37. 범양약화학

근하신년. 금년에도 배구(倍舊) 애용하여 주실 범양 제품.
· 배구(倍舊): 앞서보다 갑절

38. 한일은행

1월 1일부터 한일은행으로(구 한국 흥업은행).

39. 한국상업은행 남대문지점
(서울시 중구 남대문로 4가 64-1)

영업소 이전 공고. 금반(今般) 금융통화위원회의 인가를 득하여 폐행 남대문지점을 이전 개점하기로 되었아옵기 기인가(其認可) 내용을 공고하나이다. 엄동지절(嚴冬之節)에 존체(尊體) 금안(錦安)하심을 앙축(仰祝)하오며 저의 은행 업무에 관하여는 후의(厚誼)를 받자와 감사할 뿐입니다. 금번(今番) 당국의 인가를 얻어 다음과 같이 남대문로 지점을 이전함과 동시(同時) 최신의 시설로 확장하여 좀 더 여러분의 이용에 편리케 하고저 하오니 더욱 많은 편달과 애호를 바랍니다.

40. 미우만백화점

경품부(景品附) 대특매 시행 중.

41. 종로예식장

최신형 드레스 구비. TEL (3) 5708, (3) 9013

42. 서울예식장

신축 개장. 최신·최고·최대의 시설. 특설(特設), 대피로연장(大披露宴場), 생화부(生花部), 미용부(美容部). TEL (3) 7390, 7606

43. 중부극장

구미식 휴게실에 호화 설비, 최신형 영사기 스-파 F10 장치.

44. 동산유지공업

최신식 시설의 신(新) 공장.

45. 메트로호텔
(서울시 중구 을지로 2가 199)

메트로호텔이 보내드리는 서비스 안내. 새로운 감각으로 꾸며진 현대 시설로서 각실(各室)마다 욕실, 화장실, 전화가 구비된 73의 양실(洋室)과 한식(韓式) 12실이 마련되어 있습니다. 기타 수시로 각종 파-티, 연회,

회의장을 예약제로 제공하고 있습니다.
송년회·X마스 파티, 예약 접수 개시!!

46. 한국상업은행 혜화동지점
(서울시 혜화동 로터리)
9월 15일 개점.

47. 한일은행 남대문지점
(서울시 중구 남창동 12)
남대문지점 개점! 11월 15일부터.
폐행은 금반(今般) 예금주 여러분에게
가일층(加一層)의 편의를 도모하기
위하여 좌(左)의 장소에 남대문지점을
신설하였습니다. 모든 일을 저의
성심껏 봉사하겠아오니 많이 이용하여
주시기 바랍니다.

1961

48. 조흥은행 방산지점
(서울시 중구 을지로 5가 20번지)

1월 10일 개점! 금반(今般) 폐행은
금융통화위원회의 인가를 얻어
방산지점을 하기(下記) 주소에서
신설 개점하기로 되었아옵기 배전애호
(倍前愛護)와 편달을 바라옵고
자이(玆以) 공고(公告)하나이다.

49. 동원예식장
(서울시 종로 4가)
첫아들을 원하시면, 행복한 가정을
원하시려면 동원으로.

50. 경전병원 신관
(서울시 서대문구 서소문동
농림부 옆)
경전병원(京電病院) 신관 개업 안내.
폐사(경성전기주식회사) 경영의
경전병원은 시민 여러분의 보건
의료 기관으로 미력이나마 봉사에
진력하여 왔아온바 금반(今般)
최신 의료 시설을 완비한 연건평
800여 평의 병동을 신축하는 동시에
종합병원으로서의 면모를 일신하고
권위 있는 전문의로 하여금 각 과를
담당케 하여 5월 1일부터 개관케
되었음을 안내하오니 배전의 성원과
이용이 있으심을 바라는 바입니다.

51. 대명신제약주식회사
신용과 전통의 대명신제약주식회사,
생산 종목 20여 종.

52. 중소기업은행
새 시대의 새로운 은행! 중소기업은행.
중소기업자와 국민 여러분에게 드리는
말씀. 혁명 과업 완수에 얼마나
애쓰십니까! 중소기업은행은 8월
1일부터 업무를 개시하여 전국에 31개
점포를 가지고 새로운 운영과 새로운
봉사 그리고 신속하고 정확하며 친절한
업무 처리로써 여러분을 모시게
되었읍니다. 우리 은행의 업무는 다른
은행과 다름없으며 성의를 다하여
여러분의 심부름꾼이 되겠사오니
끊임없는 애호와 지도 편달을 베풀어
주시기 바라나이다.

53. 동광삘딩
(서울 중구 태평로 2가 103)
한국 최대·최신의 건물, 편리한 위치에
귀(貴) 사무실을 권함!

54. 대한생명
보험은 일석삼조의 저축이다.
자본금 5억 환. 최우(最優)
최대(最大)의 대한생명.

55. 천도교예식장
(서울시 종로구 경운동 88)
신장개업 특별 봉사. 귀뚜라미

우는 가을, 인생에 있어 단 한 번뿐인 당신의 결혼식을 아담하게 신축된 별관에서 거행하실 생각은 없으십니까! 시설 안내=온실 화원 구비, 구내 미장원, 100대 이상 정착할 수 있는 광대한 주차장. 내빈이 350명 내지 1,000명 이상일 경우에는 본 교회당을 특별 제공할 수 있음.

150,000대 이상이 설치·사용되고 있읍니다. 향항(香港)에만도 1,100대를 설치하였읍니다. 승강기를 신축·준공과 동시에 사용하시려면 1년 전에 발주하셔야 합니다!

· 향항(香港): 홍콩

싸운드 씨스템을 자랑하는 4본 트랙 입체음향의 완전 장치! ▶ 200킬로 출력의 조명, 전자식 조광 장치 ▶ 회관 내외 소강당, 휴게실, 다방, 미장원, 식당, 이발관, 700여 평의 주차장 등 호화 시설 완비!

60. 동대문극장
우아한 현대식 문화의 전당, 동대문극장 드디어 개관 박두! TEL 5-8904

56. 유네스코회관
세계를 장식한 스위스 신들러 승강기. 서울 명동에 건립 중인 한국 초유의 국제문화전당인 유네스코회관에 1962년형 전자식 신들러 승강기 4대를 설치하게 되었읍니다. 유네스코 파리 본부에는 이미 신들러 엘리베이터 16대를 설치하였읍니다.

59. 시민회관
동양 굴지의 시설을 자랑하는 예술의 전당! 드디어 11월 7일 개관! 260만 서울 시민의 유일한 공회당 (公會堂)이며 예술의 전당인 당(當) 시민회관은 명실공히 시민의 복지와 문화생활에 기여할 뿐만 아니라 민족문화 발전의 온상지로서 여러분의 총애와 커다란 매력이 될 것을 기대하는 바이며 오는 11월 7일 드디어 개관하게 되었음을 축하하여 마지않는 바입니다. 국제적으로 손색없는 문화의 전당. ▶ 총공사비 물경 20억 환. 총연평 2,900평 ▶ 2중 회전 무대장치가 되어 있는 250평의 무대 ▶ (아윈)제 안락의자로 된 관람 좌석 3,000여 석 ▶ 우리나라 최고(最高)의 탑실(높이 170척. 1~10층까지 16인승 '에레베-타' 설치) ▶ 완전한 '에어콘디숀'의 냉온방 장치! ▶ 최신·최고 '에르네망' 영사기와 최고의

<u>1962</u>

61. 한국통신기공업
(서울시 용산구 원효로 3가 53번지)
각종 전화기, 각종 교환기, 전기용품 일체 제작. 통신부의 외국산 전화기 도입 금지 환영.

62. 그랜드호텔 레스트란
(서울시 태평로 2가 103)
향항(香港) 요리사가 조제(調製)하는 한국 유일의 광동 중화요리 14일 오후 6시부터 개업! ▶ 30명 내지 300명 대중소 연회석 및 가족실 완비 ▶ 사교 무대, 가족 동반 환영. 현대 감각에 맞는 호화 장치.

63. 대명신제약주식회사
생약 과학화, 국내 최대의 시설. 최신

57. 한일은행 을지로지점
58. 한국상업은행 명동지점
세계를 장식한 스위스 신들러 에레베터. 신들러 승강기는 전 세계에

의약품 직수입 제조원.

64. 유유산업
철저한 품질관리, 강력한 연구진은 오늘도 혈투한다!

65. 미풍원형산업
미풍 본포(本舖) 원형산업은 여러분의 식탁을 보다 더 풍족하게, 보다 더 경제적으로 마련할 수 있도록 온갖 힘을 다하고 있습니다. 고성능 기계 시설과 근대적 위생 관리 아래 오랜 경험을 바탕으로 한 숙련된 기술로 한층 더 품질을 높여서 대량생산되고 있는 여러분의 '미풍'은 명실공히 조미료의 결정품으로서 여러분의 식생활에 공헌하고 있습니다.

66. 신한미싱제조주식회사
행복한 가정으로! 아이디알 미싱.

67. 경동호텔
(서울시 중구 회현동 1가 130)

외화 획득은 손쉬운 관광사업부터. 대중 본위 실료(室料)저렴, 그린하우스 증축 기념 대할인 실시.

68. 새나라자동차 공장
(경기도 인천시 청천동)
새나라자동차 공장 건설 중, 8.15를 기하여 드디어 생산! ▶ 목표: ① 자동차의 완전 국산화 ② 관련 공업의 육성 ▶ 공장 규모 ① 대지: 120,000평 ② 건평: 6,000평 ③ 종업원: 1,600명 ④ 생산능력: 연 2,400대~6,000대 ⑤ 차종: 소형차 및 마이크로 뻐스 등 8종(최종 단계) ▶ 알리는 말씀 ① 일반 수요자에게 최저 가격으로 공급하고 차량의 질적 보증을 위하여 당사에서 직접 판매하게 될 것입니다. ② 판매 후 사후 봉사(AFTER SERVICE)를 철저히 할 것입니다. ③ 할부제도 고려하고 있습니다. ④ 현행 차와 새나라 차의 대체(代替) 문제에 있어서는 기존 업주의 최대한의 편의를 도모하기 위하여 당국과 절충 중에 있습니다. ⑤ 5.8 LINE의 해제로 자가용은 제한 없이 차를 사실 수 있게 되었습니다.

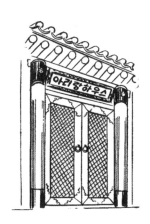

69. 빠-아리랑하우스
(서울시 중구 다동 23번지

성남호텔 옆)
수(遂)!! 신장개업. 폐(弊) 아리랑하우스는 구(舊) '락천지 빠-'를 상하층으로 대폭 확장하여 천하 명장 회심의 노작에 의한 낙양 유흥가에 일찍이 없었던 순 한국식 고전미의 현대 감각적 '터치'로 된 최고급 빠-로서 강호제현을 모시고저 하나이다. 한국적 '멋'의 정수, 궁실 미희의 우아 단려(端麗)한 고전 의상, 전각의 낭만이 감도는 폐 아리랑하우스를 1차 완상하시와 더위에 지친 심신의 레크레이션을 얻으시기 바라나이다.

70. 인왕산업공사
(서울시 영등포구 영등포동)
드디어 나왔다! 주부들의 희소식 왕겨 목탄(炭) 수(遂)! 시중 판매 개시!

71. 제일은행 미아동지점
신설 개점! 제일은행 미아동지점.

72. 한국상업은행 청계지점
(서울시 중구 장교동 9번지)
1962년 9월 5일 청계지점 개점. 시하(時下) 초추지절(初秋之節)에 귀체 청안하심을 문안드리오며

저의 은행 업무에 관하여는 평소 간독(懇篤)하신 후의를 받자와 실로 감사할 뿐입니다. 금반(今般) 저의 은행은 당국의 인가를 얻어 다음과 같이 폐행을 신설 개점하여 여러분의 편리를 돕고자 하오니 더욱 많은 애호와 편달을 바라나이다.

· 간독(懇篤): 간절하고 정(情)이 두터움

73. 서울은행 부산지점

10월 5일, 부산지점 개점! 금반(今般) 당국의 인가를 얻어 폐행 부산지점을 좌기(左記)와 여(如)히 신설 개점하옵기 자이(玆以) 공고하나이다.

74. 스카라극장

친애하는 서울 시민 여러분! 천고마비의 가절(佳節)을 맞이하여 시민 제현의 건승하심을 앙시(仰視)하나이다. 대망의 스카라극장은 시민 제현의 돈독하신 성원 아래 드디어 개관하게 되었습니다. 추억의 가지가지 명화를 상영했던 구(舊) 수도극장은 금반(今般) 새로운 경영체로 쇄신, 70미리 대형 영사기 설치와 아울러 현대적 최신 시설로 혁신 단장하고 스카라극장으로 신규 발족하게 되었으며 명실공히 여러분의 문화전당으로서 이바지하려

합니다. 앞으로 폐 극장은 운영 면을 쇄신하여 시민 여러분의 건전한 '레크리에이션'과 국민문화, 영화예술 향상을 위한 호화 참신한 푸로 편성은 물론, 쾌적한 '써-비스'와 친절로서 봉사코저 하오니 아낌없는 편달과 성원을 바라오며 삼가 인사의 말씀을 올리나이다.

· 앙시(仰視): 존경하는 마음으로 우러러 봄

75. 피카디리극장
(종로 3가)

드디어! 근일 외화 개봉관으로 혁신 발족!! 금반(今般) 폐 극장은 한국예술영화사 외 수사(數社)와 제휴하여 근일 외화 개봉관으로 신(新)발족하는 동시에 '피카디리'(구 반도)로 개칭하여 세계적 명작만을 엄선 상영코저 하오니 배전의 지도 편달을 앙망하나이다.

76. 서울은행 남대문지점
(서울시 중구 태평로 2가 90)

1962년 11월 26일 이전. 금반(今般) 당국의 인가를 얻어 폐행 남대문지점을 좌기(左記)와 여(如)히 이전하옵기 이에 공고하나이다.

77. 서울은행 노량진지점
(서울시 영등포구 본동 402번지)

12월 3일 서울은행 노량진지점 개점. 금반(今般) 당국의 인가를 얻어 폐행 노량진지점을 다음과 같이 신설 개점하옵기 이에 공고하나이다.

78. 제일은행

79. 아세아극장

12월 23일, 드디어 개관! 새로이 등장하는 여러분의 명화 감상관!

80. 조흥은행 부산진지점
(부산시 동구 범일동 632 번지의 9)

폐행 부산진지점은 기간 신축 중이던 영업소의 준공을 보아 다음과 같이 이전 개점하오니 자이(玆以) 공고하나이다.

<u>1963</u>

81. 종근당제약

근하신년(謹賀新年). 혁명 과업 완수의

중책을 업은 채 어느덧 임인년도 저물었습니다. 계묘년을 맞이하여 옥체 금안하심을 앙축하오며 지난 임인년에는 끊임없으신 성원에 심심한 감사를 드리오며 새해에도 적극 애호 편달하여 주시옵기 바라나이다.

82. 한국상업은행 부산지점
(부산시 중구 동광동 1가 10번지)

이번 저의 은행에서는 당국의 인가를 얻어 부산지점의 신축 공사를 끝내고 아래와 같이 이전 개점케 되었습니다. 여러분의 더욱 많은 애호와 편달을 바랍니다.

83. 한일은행 인천지점
(인천시 인현동 63의 2)

신축 이전 인천지점. 금반(今般) 당국의 인가를 얻어 폐행 인천지점을 하기(下記)와 여(如)히 신축 이전하옵기 자(玆)에 공고하나이다.

84. 해태제과

해태제과의 웅대한 공장이 내놓은 진미의 결정판! 아모-르 초코렡.

85. 부영비철금속신관공업사
(부산시 서구 괴정동 206의 8)

해방 후 외국에만 의존해 오던 동진유(銅眞鍮) 및 알루미늄 등 비철금속 신관(伸管) 및 각봉(角棒)을 폐사에서 각종 국제 규격품을 생산하오니 수요자 제현께서는 각별히 애용하여 주시기 바라나이다. 진유관(眞鍮管)은 각종 공업용 및 손잡이용으로 사용되는바 아국(我國)에서는 본품의 생산이 안 되므로 부득이 철관 등을 사용하고 있는 실정이었으나 앞으로는 폐사 제품을 많이 이용하시옵고 특히 철관에 진유관을 입힌 제품은 가격이 저렴하고 품질이 확고하여 실용적이며 건축 손잡이용으로는 원형관뿐만 아니라 주문에 의하여 변형된 각종 모양의 진유관을 이상적으로 제조할 수 있읍니다. 만일 폐사 제품이 외래품에 비교하여 추호라도 손색이 있어오면 물품 반환은 물론 손해배상까지 해 드릴 용의가 있아오니 끊임없는 애호 편달 있으시길 바라나이다.

· 아국(我國): 우리나라

86. 서울은행 수표교지점
(서울시 종로구 관수동 152번지)

금반(今般) 당국의 인가를 얻어 폐행 수표교지점을 다음과 같이 신설 개점하옵기에 이에 공고하나이다.

87. 미우만백화점

5월 6일 신장개업. 질적 보장품의 엄선 판매, 정찰제의 철저한 실시, 한국 초유의 배달제 시행, 새로운

스타일의 장식과 시설, 새로운 형태의 운영과 써비스, 상공부 선정 시범 백화점.

88. 한국상업은행 본점

친절·봉사·신속을 못도로 하는 여러분의 상업은행은 금반(今般) 본점 행사(行舍)를 신축케 되었습니다. 신(新)행사가 준공될 때까지는 바로 뒤에 자리 잡은 구(舊) 국제호텔을 임시로 본점 영업부 및 본부로 사용하오니 배전의 애호를 바랍니다.

· 못도: 모토(motto)

89. 동화백화점

정찰제 실시, 11월 1일부터. 체제의

혁신, 내부 개장, 철저한 봉사, 백화(百貨)의 완비.

90. 미도파
30만 원 경품부(景品付), 연말연시 사은 대봉사!

91. 아세아상사 백화점부
(종로네거리 종로백화점)
경품부(景品付) 대매출. 1등 순금제 송아지, 2등 순금제 행운의 열쇠, 3등 뉴-라이온 미싱, 4등 고급 팔목시계, 5등 대원 크리날 세탁기.

92. 화양극장
(서대문 로터리)
친애하는 서울 시민 여러분! 벅찬 희망의 새해를 맞이하여 시민 제현의 존체(尊體) 건승(健勝)하심을 앙축하나이다. 대망의 문화전당 화양극장은 전 시민 여러분의 돈독하신 성원 아래 드디어 개봉관으로 호화무비(豪華無比)의 시설 완비 초현대식 '맘모스' 극장으로

등장하게 되었습니다. 이제 폐 극장은 신정(新正)을 기(期)하여 기대하시던 사극(史劇)의 이색편 '단양록'을 가지고 개봉 기념 경축 특별 푸로로서 여러분을 모시게 되었습니다.

앞으로 당(當) 극장은 영화예술 사명의 최첨단에 이바지하려 하오며 진정한 문화전당으로서 건전한 오락과 최고의 써-비스, 최대의 친절, 호화로운 명화만을 선정하여 봉사코자 하오니 부디 여러분의 지도와 성원 있으시기를 바라오며 삼가 개관 인사의 말씀을 올리나이다.

1964

93. 반도·조선호텔 아케이드
서울에 또 하나의 명소가 생깁니다. 수도 서울 중심부에서도 그 핵점(核點)을 이루고 있는 반도·조선호텔을 뚫어서 미 대사관에서 상공회의소로 통하는 샛길에 우리나라에서는 처음 보는 '아케이드'(연쇄 상가)를 세우게 되었습니다.

이미 다른 여러 선진 국가에서는 호텔과 아케이드는 서로 어울려 있는 것이 필수 요건으로 되어 있습니다만 이번에 서울의 새 명소로 등장하는 이 '아케이드'에서는 앞으로 우리나라의 특유한 토산품을 비롯한 각종 상품을 널리 내·외국인에게 소개·판매할 뿐 아니라 나아가서 민간외교와 관광사업의 산업화에 크게 도움이 될 것으로 믿고 있습니다.

서울의 새 명소 '아케이드'를 건립하는 데 있어서 뜻있는 분들의 적극적인 참여 있으시기를 바라면서 여기에 임대 신청 요령을 다음과 같이 알려 드립니다.

94. 제일은행 본점 별관
5월 25일 외국부, 신탁부 본관 별관 이전. 평소 폐행 업무에 대하여 각별하신 후의를 베풀어 주신 고객 제위께 감사를 드립니다. 오는 5월 25일에 폐행 외국부 및 신탁부는 후편 별관 건물(구 한국은행 외국부 자리)로 이전하옵고 신장(新裝)된 시설로서 여러분에게 계속 최선의 봉사를 하고저 하오니 배전의 이용 있으시기를 바라 안내 말씀 올리나이다.

95. 삼일병원
(서울시 영등포동 4가 63번지)
금반(今般) 본인들이 좌기(左記)와 같이 병원을 개설하였아오니 배전의 지도와 후원을 바라오며 별기(別記)와 같이 병원을 개방 공람 코저하오니 왕림하시와 더욱 이 자리를 영광스럽게 하여 주시기를 앙망하옵니다.

96. 삼양사
자연스러운 감미, 상쾌한 뒷맛! 새로운 감미료 삼양 달고나.

97. 동대문 스케이트장
우리나라 유일의 옥내 링크, 연중무휴

개장 중. 활주료 50원 균일.

98. 세기극장
(서울시 종로)

11월 하순부터 개봉관으로 개관 박두.
초(超)모던의 데럭스 5층 건물에 최신
고성능의 영사 시설과 아늑하고 화려한
실내 시설을 완전 구비하고 흥미 있고
유익한 명화를 선택 여러분을 모시고저
하오니 전 시민의 끊임없으신 애호와
편달을 바라 마지않습니다.

1965

99. 신세계백화점

희망에 찬 새해 새 아침이 밝아
왔습니다. 즐거웠든, 괴로웠든 인생의
한 막(幕)이 역사의 뒷장으로 사라져
가고 이제 바야흐로 새로운 꿈과 새로운
설계의 장이 펼쳐지려 하고 있습니다.
저희 신세계백화점이 현대적인
경영 체제로 전환하여 국제적 수준을
지향한 지 불과 1년여에 오늘의
'새 아침'을 맞이할 수 있게 되었음은
오로지 여러분이 아껴 주신 보람이며
내일에의 '꿈과 설계'를 나눌 수
있게 되었음도 여러분의 우정 어린
지도의 덕분으로 깊이 감사하고
있습니다. 벅찬 이 감격과 이 감사를
새삼 마음속에 아로새기며 엄숙한
마음으로서 새해에는 더욱 서비스
정신에 정진해 갈 것을 다짐하고
있습니다. 명실상부한 '현대인의

백화점', 우정이 어린 '여러분의
백화점'으로서 '신세계'는 오직 여러분
손님과 함께 존재하며 여러분 손님과
더불어 자라 갈 것입니다.

100. 용당산호텔
(서울시 광장교 옆)

정동호텔 광나루 별관(TEL 52-
8984·8985).

101. 대한중외제약

약진하는 주사제·수액의 전문 메이커,
대한중외제약! '정확, 신용, 전통'을
못도-로 하는 대한중외제약은
주사제·수액의 전문 메이커입니다.
최신 시설과 엄격한 품질관리하에
제조된 우수한 의약품을 전국 약국,
병원 및 진료소에 공급하여 여러분의
건강관리에 이바지하고 있습니다.

102. 시대백화점

생산과 판매가 직결되어 있는
시대백화점. 여러분의 경제를 도웁고저

써비스 센타를 개설하였아오니 많은
이용있으시기 바랍니다.

103. 호텔앰배서더
(서울시 중구 묵정동 20)

새 이름, 새 모습, 새 경영. 국제기구
PATA, ASTA 가맹 호텔.

104. 서울은행 청파동 예금취급소
(서울시 용산구 청파동 1가
194번지)

청파동 예금취급소, 8월 27일 개점.
금반(今般) 당국의 인가를 얻어
폐행 청파동 예금취급소를 다음과
같이 신설 개점하옵기 이에
공고하나이다.

105. 제일은행 성동 예금취급소
(서울시 성동구 도선동 285번지)

성동 예금취급소, 10월 18일 개점.
금반(今般) 당국의 인가를 얻어
폐행 을지로지점 성동 예금취급소를
다음과 같이 신설 개점하옵기 이에
공고하나이다.

106. 대한교육보험
(서울시 중구 회현동 3가
11의 3번지)

사옥 이전 공고. 금반(今般) 좌기
(左記)와 여(如)히 본사를 이전하오니
계속 성원하여 주시기 바라오며
자이(玆以) 공고하나이다.

107. 서울은행 휘경동 예금취급소
(서울시 동대문구 회기동 92의 9)

휘경동 예금취급소, 12월 10일 개점.
금반(今般) 당국의 인가를 얻어 폐행
동대문지점 휘경동 예금취급소를
다음과 같이 신설 개점하옵기 이에
공고하나이다.

1966

108. 종근당제약(본사 및 영등포
제2공장의 몽타주)

을사년은 여러분의 편달로 명실공히
세계적인 메이커로 발돋음하였습니다.
지난 한 해에도 저희들은 인류의 적인
질병을 박멸하고 생명을 보호하는
데 한마음 박애 정신으로 일하여
왔습니다. 사랑과 평화와 건강의

종표는 금년에도 댁내의 건강과 행복의
길잡이가 될 것을 다짐하옵니다.

109. 서울분유 중랑교 가공장

서울분유는 30여 년의 전통을 가진
서울우유협동조합의 순(純) 목장(牧場)
우유로 내외 기술을 총망라하여
만들어 낸 값싸고 믿을 수 있는 유아용
분유입니다. 서울분유는 탈지분유
유사분유가 아닌 진짜 분유이며 품질은
정부와 농협이 보증합니다.

110. 장식품(張食品)쎈타
(을지로 입구 내무부 앞)

안심하고 살 수 있는… 상품의 품질과
위생을 식품연구소가 보증하는
장식품쎈타.

111. 황금성
(을지로 입구)

일류 상품을 원하시면 을지로 입구
황금성. 값싸고, 품질 좋고, 신용
있는 상점들만을 한데 모아 놓은
황금성(연쇄 상가).

112. 만하장호텔
(자하문 밖 세검정)

아침! 은은한 산새 소리와 같이 깨는
신비로움. 도시인들은 소음과의

격리에서 안식을 찾는답니다.

113. 뉴-파고다삘딩

임(賃) 사무실.

114. 서울은행 양정동 예금취급소
(부산시 부산진구 양정동 358-7)

양정동 예금취급소, 66년 6월 7일
개점. 금반(今般) 당국의 인가를 얻어
폐행 부산지점 양정동 예금취급소를
다음과 같이 신설 개점하옵기 이에
공고하나이다.

115. 서울은행 약수동 예금취급소
(서울시 성동구 신당동
369-45)

약수동 예금취급소, 66년 10월 10일
개점. 금반(今般) 당국의 인가를 얻어
폐행 을지로지점 약수동 예금취급소를
다음과 같이 신설 개점하옵기 이에
공고합니다.

116. 조흥은행 본점
(서울시 중구 남대문로 1가
14번지)

본점 행사(行舍) 신축 낙성(落成) 12월
19일. 금반(今般) 폐행 본점 건물
신축 낙성을 보게 되어 좌기(左記)
각부를 신축된 본점 건물로 이전하고
새로운 면모와 최선의 봉사로서
여러분의 편의를 도모하고자 하오니

배전의 이용과 애호를 바랍니다.

117. 명동 한일관
(국립극장 앞)
명동 한일관, 신축 개업!

118. 세종호텔
(서울시 중구 충무로 2가 61-3)
세종호텔, 1966년 12월 26일 드디어 개관. ▶ 국제적 수준을 자랑하는 현대 시설 ▶ 세종호텔에서만 볼 수 있는 한국 고유의 고전미 ▶ 조용하고 아름다운 전당, 우정과 행복을 위한 회의장(집현전)

<u>1967</u>

119. 서울은행 양정동 예금취급소
(부산시 부산진구 양정동 345-9)
양정동 예금취급소 점포 이전. 폐행 부산지점 양정동 예금취급소는

금반(今般) 당국의 인가를 얻어 다음과 같이 점포를 이전하옵기 이에 공고합니다.

120. 동아극장
신장 개관, 화려한 신(新)발족.

121. 천체과학관
(광화문 전화국 옥상)
축! 우리나라 초유의 천체과학관 개관.

122. 한국상업은행
씨앗은 작아도 잎사귀는 크듯이 오늘의 상업은행도 여러분의 저축이란 씨앗으로 커졌습니다. ▶ 상은은 창업 68주년의 가장 오랜 역사를 가진 여러분의 은행입니다. ▶ 상은은 최신의 시설과 참신한 경영으로 여러분의 재산을 확실, 안전, 유리하게 운용합니다. ▶ 당 은행 종로지점의 숙녀금고는 우리나라 유일의 숙녀 전용 은행입니다. ▶ 밝은 가정의 행복한 설계는 상은의 '희망예금'으로!

123. 청계상가아파트
(서울시 청계천 3가)
서울시가 계획한 국내 최초의 웅대한, 동양 제일을 자랑하는 상가아파트 출현! 폐사에서는 서울 중심가 재개발사업의 일환으로 종묘 앞에서 대한극장까지 연결되는 상가아파트 중 가장 입지적 조건이 좋은 청계천 남측 단일 건물로써 기(旣)히 점포 부분은 완공 개점케 되어 안내 말씀을 드리게 되었음을 시(市) 당국과 더불어 기쁘게 생각하는 바입니다.

본 건물의 특징 ▶ 1층~4층은 점포 ▶ 5층~8층은 아파트 ▶ 입지적 조건이 좋은 청계천 남측 단일 건물로써 전면에 주차장이 있고 지하도(地下道)로부터 본 상가에 직통할 수 있으며 지하실 일부에 식품 매장 센타 개설 예정. 한국 초유의 최신 설비 고성능 서서(瑞西) 신들러 회사제 에레베-타 대형 2대 설비. 난방시설 완비, 최신 아루미뉴-움 샷시로 미려한 설비, 한국 최초 고가(高架) 관광 쇼핑 도로 설치.
  · 서서(瑞西): 스위스

124. 세운(世運) 나동(棟) 아파트
(서울시 을지로 4가)
대림아파트 분양 예약 및 점포 임대 안내. 오랫동안 준비 중이던 대림아파트는 11월 초 준공 예정으로 완성 부분부터 순차적으로 시민 여러분의 입주를 위하여 주야로 시공을 서두르고 있습니다. 대림아파트 입주를 희망하시는 분은 이 공고를 자세히 보시고 사전

준비하여 신입(申込)하여 주시기 바랍니다.

　본 건물의 특징 ▶ 1층~4층은 점포 ▶ 5층~12층은 아파트 ▶ 고성능 에레베타 3대 설치(이태리제 SABIEN) ▶ 난방, 온냉 급수, 수세식 화장실 등 최신식 설비 ▶ 고가(高架) 쇼핑 산책 도로 설치(3층 양측 대한극장 앞과 종묘 간 연결) ▶ 놀이터 광장 설치 345평(6층 중앙) ▶ 을지로 도교(渡橋) 설치(3층) 실내 시설 ▶ 스테인레스 아크릴 욕조, 세면기, 샤워 설비 ▶ 스테인레스제(製) 싱크 설비 ▶ 수세식 변기 설비 ▶ 주부실, 스팀 온돌 ▶ 구내 또는 일반 전화 배선 ▶ 옥상에 가압 물탱크 설치
　· 신입(申込): 청약

125. 무창포·그린-비취 클럽
(충남 보령군 웅천면 관당리
무창포 해수욕장)

골프장을 겸비한 회원제 관광호텔 무창포·그린-비취 클럽, 제1차 회원 모집 공고. 해당화가 난무하는 이곳 그린 비취는 한국 최초의 해변 골프장과 전용 해수욕장을 갖춘 최고 별장지로서 회원(會員)만이 하기(夏期) 및 춘추절을 통하여 가족과 더불어 마음 놓고 휴양할 수 있도록 고급 오락 시설을 설비하여 여러분을 초대코저 하는 바입니다.

1968

126. 풍성전기주식회사
(서울시 성동구 성수동 1가
656의 335)

금반(今般) 폐사에서는 지난 1월

10일을 기(期)하여 무역업으로부터 전기통신기기 제조업으로 전환한 1964년 이래 현안으로 삼아 오던 사명 현실화 조치로서 아래와 같이 상호를 변경하였아옵기 이에 안내드립니다.
구(舊) 상호: 풍성산업주식회사,
신(新) 상호: 풍성전기주식회사.

127. 신한병원
(서울시 종로구 관훈동
198의 36)

입춘지절(立春之節)에 고당(高堂)의 존체(尊體) 청안(淸安)하심을 앙송(仰頌)하나이다. 불초(不肖) 등(等)은 뉴욕 코넬대학 니카보카병원 및 연세의대 세브란스병원 외과·연세의대 세브란스병원 내과·국립중앙의료원 방사선과 및 고려X선과의원에 재직 시에 많은 애호와 지도를 받아 감사하고 있읍니다.
　취일(就日) 금반(今般) 하기(下記) 장소에 신한병원을 신축하고 외과·내과·방사선과·병리검사실·입원실 등을 완비하고 종합적인 병원으로서 개원하게 되었읍니다. 앞으로 본 병원이 국민 건강에 이바지할 수 있는 기관이 될 수 있도록 계속

변함없는 격려와 성원을 바라오면서 우선 지면(紙面)을 통하여 개원 인사 드립니다.

128. 유성관광호텔

'라듸움' 온천 호텔. 신혼여행에, 관광 여행에, 각종 연회 및 회의에 여러분을 초대합니다.

129. 청량상가
(청량리역)

동부 서울의 판도가 바뀐다. 위용 자랑할 청량상가, 기대하시라. 중소 상업인은 물론 소자본으로서 새로이 상업을 하실 분!

130. 여의도 강변도시

새 서울 건설! 금년에 이룩될 한강 여의도 강변도시 창조. 1. 강변도시 건설(금년 중 분양 예정지) 2. 여의도 개발 3. 고속도로 및 교량 건설 4. 공원 및 유원지 개발

131. 낙원슈퍼마케트

약진하는 대(大)서울, 도시계획 재개발 사업의 일환인 낙원슈퍼마케트. 서울시 특수 사업으로 시공 중에

있는 동양 굴지의 초(超)근대식 낙원슈퍼마케트 일부가 준공됨에 따라 68년 5월 16일을 기(期)하여 삼일로의 개통과 아울러 지하층 및 2층 건물 내 점포를 임대코저 하오니 낙원시장 자진 철거 상인 및 일반 희망자는 다음에 의거 신청하시기 바랍니다.

본 건물의 특징 ▶ 지하층: 총 1,400평에 195개 점포(671평), 보이라실·변전실(232평)이 있어 현대식과 위생적인 수려한 우리나라 최대·최신을 자부하는 가정과 주부에 직결되는 시장으로 일체의 식료품 등이 총집(總集)하며 각 층을 연결하는 에레베타 5대(극장용 20인승 2대, 점포 및 사무실용 12인승 3대)가 있음 ▶ 1층: 퇴계-을지2가-청계천-종로2가를 종단하여 재동·율곡로를 연통(連通)하는 노폭(路幅) 40m 장(長) 160m의 대로와 별도로 약 300대의 자동차가 주차할 수 있는 부지가 있으며 각 고층을 연결하는 에레베타 2대(아파트 및 사무실용 12인승)가 있음 ▶ 2층: 총 2,179평에 약 400개 점포(1,236평)가 있어 주로 아동복을 비롯한 의류·각종 가정용 고급 상품을 수용 예정임 ▶ 3층: 총 2,074평에 수려 청결한 예식장(회의실용) 6개소(1,218평), 화원·선물 센타(19평), 미·이용원(88평), 사진실(37평), 사무실(42평), 점포(151평) 등을 수용 예정임 ▶ 4층: 총 1,772평에 한·양식(240평), 식도락 휴게실(95평), 임대 사무실(594평)로 사용 예정임 ▶ 5층: 총 1,005평에 당사의 사무실(724평), 기계실(30평) 등으로 사용 예정임 (전화 교환실 15평) ▶ 4·5층 남측은 현대식 극장(741평 1,700석)과 루-후가든(광장) 300평이 있음 ▶ 6층~15층: 총 4,405평에 냉온방 시설 구비한 초현대식 아파트 170동(각층 약 440평, 각동 22평) ▶ 16층: 스카이라운지(150평)로 사용 예정임 ▶ 본 건물의 총건평 15,336.01평

132. 세운상가

한국 건축계의 희소식, 금성 에레베타. ▶ 금성사(金星社)의 오랜 연구와 히타치사(社)의 기술제휴로 세계 각국에서 제작한 에레베타(ELEVATOR) 및 에스카레타(ESCALATOR)의 결점을 개선하여 현대건축에 알맞게 설계된 성능과 디자인(design)의 미(美)가 조화된 금성 에레베타와 에스카레타를 생산하게 되었습니다. ▶ 금성의 기술진은 여러분과 계약이 체결되면 직접 설치하여 최단 납기를 약속하며 철저한 아후터 써비스로 여러분의 에레베타 및 에스카레타를 언제나 안전하게 유지 관리하여 드립니다.

133. 뉴-서울슈퍼마켙
(서울역 옆 구 중앙도매시장)

구(舊) 중앙도매시장을 초현대화한 대한민국, 최초·최대의 슈퍼마켙 개점(6월 1일). 뉴-서울슈퍼마켙은 우수한 메이카의 제품만을 저렴한 가격, 편리한 방법으로 직매하기 때문에 소비자에게 보다 많은 이익과 서비스를 100% 보장해 드립니다.

134. 월곡시장
(서울시 성북구 하월곡동 37번지 1)

월곡시장 개장 안내의 말씀. 존당(尊堂)의 청안(淸安)하심과

만복 있으시길 축원하나이다. 금반 월곡시장주식회사에서는 서울시장의 개설 허가를 받아 종합 시장인 월곡시장 신축이 완성되어 1969년 1월 초에 개장할 예정입니다. 시장은 아래와 같이 현대화한 완전한 시설을 갖추고 1968년 12월 15일부터 점포 임대계약을 하겠아오니 유능하신 여러분이 많이 참여하시어 시장 발전을 도모하고 시민 제위의 경제생활에 이바지하여 주시기 바라나이다.

135. 산다호텔
(서울시 중구 다동 97)

다동 중심가에 새로 자리 잡은 서구식과 한식을 겸한 호화롭고 아담한 여러분의 휴식처!

136. 삼선상가
(삼선교-양회다리 사이 394m)

삼선상가 개점 안내. 돈암동 주택 중심가에 근대 상가로 신축된 삼선상가는 20만 주변 고객의 다대(多大)한 기대리(期待裡)에 드디어 개점하게 되었습니다.

137. 우량국산품 전시장
(동대문 상가아파트 내)

성하지절(盛夏之節)에 존체(尊體) 만강(萬康)하심과 일익(日益) 번창(繁昌)하심을 앙축하나이다. 금반 폐사에서는 국가의 건설 시책에 호응하여 서울 불량 지구 개발 사업의 일환으로 총연장 518m 7층 4개 동, 총건평 11,186평의 규모를 갖춘 세계에 자랑할 수 있는 초현대식 맘모스 삘딩 동대문 상가아파트를 시공 중에 있던 중 드디어 8월 중순 개점을 앞두고 여러 우량 생산품 메이카의 요청에 부응하여 폐사 2층(1,567평)에 귀하가 원하는 평수와 귀사에서 제품(製品)된 우량 국산품의 우수성을 과시할 수 있는 종합 전시장을 겸한 총직매장을 설치하였습니다. ▶ 귀사의 우수한 제품과 약진하는 모습을 연중무휴로 본 전시장을 통하여 내외에 전시하는 절호의 기회를 마련했습니다. 특히 각 시도별 관을 설치하여 향토 토산물을 자랑할 수 있는 동시에 전 국민의 구매력 개발에 기여코저 하며 ▶ 이 상설 전시 효과가 곧 귀사 생산품의 판매 촉진에 큰 성과를 가져다줄 것이며 이 기회에 한 분도 누락 없이 적극 참여하시기를 바라옵고 귀사 우수 제품의 자랑꺼리들이 직매장을 통하여 날개 돋치듯 매진되기를 바라는 바입니다.

유사품이나 질적으로 불량한 것도 적지 않게 나돌고 있습니다. 한국소비자 보호본부에서는 '좋은 상품을 싸게' 소비 대중에게 소개하려는 의도 아래 다음 요령에 의해 '상품 비교 전시회'를 갖게 된바 우량품을 생산하는 업자는 자신 있는 상품을 자랑할 수 있고 소비자는 값싸고 좋은 생필품을 선택할 수 있는 좋은 기회가 될 것입니다. 따라서 이 전시회는 '소비자는 왕'이란 투철한 봉사 정신 아래 기업과 소비 대중의 거리를 단축시키려는 데 그 목적을 두고 있으므로 많은 우수 상품의 출품과 시민 여러분의 적극적인 참여를 바라 마지않는 바입니다.

140. 중소기업은행 본점

본점 신축, 11월 18일(월) 이전. 고객 여러분의 번영과 행복을 위하여 봉사하여 온 당행은 이번에 본점을 신축, 이전하게 되었습니다. 평소에 베풀어 주신 여러분의 성원에 감사드리며 앞으로도 많이 이용하여 주시기 바랍니다.

141. 다이나전자공업 전주공장

1969

142. 대왕코너
(동대문구 청량리 역전)

새 술은 새 포대에! 여러분의 부자 꿈은 대왕코너 새 점포에! ▶ 은행 적금(조흥은행 무궁화적금)으로 여러분께선 어엿한 점포를 마련하실 수 있습니다. ▶ 목돈 없이 점포를 갖고 싶은 분에게 절호의 기회를 드리는 대왕코너의 획기적인 거사(巨事) ▶ 청량리의 면목(面目)을 일신케 한 한국 최대의 도산매 쎈타 대왕코너.

143. 성·빈센트병원
(수원시 지동 93)

도시인의 정양(靜養)에 알맞은 현대식 종합병원 카톨릭의대 부속 성(聖)빈센트병원은 개원 2주년을 맞이하였습니다.

· 정양(靜養): 몸과 마음을 안정하여 휴양함

144. 프린스호텔

초현대식 냉방, 자동 환기, 방음장치를

138. 뉴-동래관광호텔

하기 휴가, 주말 휴가에 꼭 들리시기를!

139. 상원데파트·맨션2동
(퇴계로 대한극장 편)

제1회 종합 상품 비교 전시회. 공업력(工業力)의 발전에 따라 우리 국내에서도 우수한 상품이 많이 생산되고 있습니다만 그 반면에

갖춘 국제 수준의 프린스호텔.

145. 호남비료
약진 한국! 경제 발전의 보람!

146. 부관상가아파트
순 민간 자본으로 건설한 아파트 중 최초로 장기 할부 분양.

147. 문화방송
(서울시 서대문구 정동 22)
문화방송 사옥 이전. 맑고 밝고 알찬 텔레비전 문화방송 MBC-TV 8월 8일 개국.

148. 신평화상가
평화시장의 연속 상가. 전국 중요 생산품의 도산매 시장, 8월 중 개점.

149. 라이온스호텔
(서울시 중구 충무로 2가 50)
국제 수준의 현대 시설. 호화로운 양식(洋式) 및 한식(韓式) 호텔실(室), 양식당, 연회실 완비로 약·결혼식, 피로연, 각종 회의 대환영. 최고

시설의 사우나 휴게실, 터키탕, 오락실, 실내 골프장.

150. 명동백화점
(명동 유네스코회관)
서울의 빠리… 명동백화점 드디어 15일 개점! 보다 새로운 백화점, 보다 정다운 백화점, 백화점 중의 백화점!

151. 코스모스백화점
(명동 입구)
70년대를 여는 새로운 데파-트! 명동 입구 코스모스백화점은 전관 냉난방으로 총건평이 6,000평, 에스커레이터 8대, 엘리베이터 15대, 지하 주차장 800평도 마련됩니다. 70년 8월 개점.

<u>1970</u>

152. 동대문 종합시장
동대문 종합시장, 점포 예약 접수중!

▶ 별개 국번의 전화 분국 설치! 체신 당국의 집중 전화제 실시 첫 케이스로 당 시장내 별개 국번의 전화 3,000회선 확보. 금년 7월 개점과 동시 개통 ▶ 시장에 화재란 옛날 이야기, 완벽한 방화 시설. 화재탐지기, 화재경보기, 시장 내 소방 도로 확보, 발화 즉시 자동 소화되는 '스프링쿨라' 한국 최초 등장

153. 성북상가아파트
(서울시 성북구 동소문동 3가 11번지)
상가아파트 입주 안내 ▶ 1층: 각종 식료품, 금은보석, 시계, 라디오, TV, 양품류, 고무 제품, 비닐 제품, 피복 의류, 화장품, 기타 ▶ 2층: 다방, 식당, 병원, 이용원, 미용원, 사무실 등 ▶ 3층: 아파트

154. 풍전호텔
(서울시 중구 인현동 2가 111)
저렴한 가격에 최고급 시설! 5월 초 개관!

155. 코스모스백화점
(명동 입구)

백화점 점포 임대계약 접수 중. 지하 2층, 지상 5층. 전관 완전 자동 방화 설비, 냉온방 시설 완비, 에스카레타 8대, 에레베타 3대, 지하 주차장 800평.

156. 시대복장 서울공장
동양 최대의 맘모스 봉제공장 가동!!

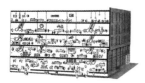

157. 코스모스백화점
(명동 입구)
점포 임대계약 마감 박두. 여러분을 위해서 만들어지고, 여러분에 의해서 경영되어, 여러분의 살림을 살찌게 할 것입니다. 개관을 많이 기대해 주세요.

158. 신촌상가아파트
신촌상가아파트 점포 모집. 5층 이상 아파트 입주자는 10월부터 모집합니다. 대단위 면적 사용자와 생산업체의 직매장 및 판매 유경험자를 환영함.

159. 여의도 시범아파트
(여의도 D-7 지구)

정서 어린 새 마을, 격조 높은 아파트, 여의도 시범아파트 입주자 모집 공고. 건강을 얻는 곳, 시간을 얻는 곳, 부귀를 얻는 곳. 준공 예정일 1971년 9월.

160. 동원예식장
(종로4가)
초현대식 시설로 전면 신축! 10월 1일 개업, 예약 접수 중. 아름다운 정원! 예식가의 명물 꽃가마 등장!

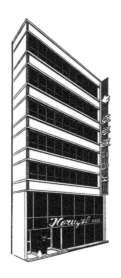

161. 삼익피아노사 신사옥
(충무로 2가)
9월 10일 음악의 전당 신사옥 개관! 금번 충무로 2가에 현대식 9층 사옥을 신축하여 9월 10일 개관하게 되었는바, 본 사옥 4층에 뮤직홀(강당)을 마련하여 모임 및 발표회 등 편리하게 사용할 수 있도록 최신 시설을 완비하였으며 5, 6, 7층에는 국내 최대 규모의 음악 학원을 부설, 음악인을 위한 전당으로써 국민 음악 및 정서교육에 이바지하고자 합니다.

1971

162. 국제시장
(경기도 광주군 중부면 탐리 56 TEL 모란 12번)
350만 광주 대단지의 새로운 국제시장! 점포 임대 예약 개시.

163. 진양데파트·맨숀
(서울시 중구 충무로 4가 125의 1)
잔여 맨숀 30동 선착순 실비 분양. 진양데파트·맨숀의 유리한 점 ▶ 시내 중심가로서 교통이 제일 편리합니다. ▶ 승용 자동차 600대를 수용할 수 있는 옥상 및 지상 주차장이 마련되어 있습니다. ▶ 자동 고속 에레베타 7대와 자동차 에레베타 4대를 보유하고 있습니다. ▶ 냉온방 시설과 위생 시설이 완비되어 있으므로 문화생활을 영위할 수 있는 초현대식 고급 데파트 맨숀입니다. ▶ 자가발전 300KW 2대가 설치되어 있으므로 정전의 염려가 없습니다. ▶ 특히 방화 시설과 경비에 대하여는 완벽을 기하고 있으므로 생명과 재산 보호에도 염려가 없습니다.

164. 서울로얄호텔
(서울시 중구 병동 1가 6번지)
관광 서울 면목 일신되다! 유명한 도시는 저마다 특색 있는 호텔을 갖고 있습니다. 한국 호텔의 심볼이 될 서울로얄호텔이 3월 12일 서울

한복판에서 개관됩니다.

165. 과림주택단지
(경기도 부천군 소래면 과림리 산60의 1호)

중산층을 위한 과림주택단지 구입 안내 ▶ 교통: 광화문에서 논스톱 35분이며 개봉동 단지와 광명아파트에서는 직선 거리 3KM이고 오류동 진입로에서는 7KM입니다. 본 단지 앞에서 영등포까지 30분마다 버스가 운행되고 있습니다. ▶ 여건: 단지 내까지 전기, 하수도, 도로, 정지 등 기본 시설을 본사에서 완비하며 구획 정리하여 20%의 도로 감보율이 적용되며 대지 조성을 준공시킵니다. ▶ 건축: 단지 내 희망하시는 분에 한하여 주택 건축을 건평 15평부터 제한 없이 건축할 수 있으며 설계 면적은 본사에서 시범 설계도를 구비하고 무료로 제공합니다. ▶ 환경: 아름다운 전원이 동남(東南)으로 무한정 전개되며 주택공사 개봉동 단지와 시흥, 안양, 소사의 중심지에 속하는 공기 맑고 풍광 있는 전형적인 교외 주택단지이며 장차 주거지로써 크게 발전될 전망이 많다고 봅니다.

166. 조선호텔

개업 한돌을 맞이하여 고객 여러분께 감사드립니다. 이제 조선호텔은 고객 여러분의 성원 속에서 유일한 서울의 안식처로 성장하였습니다. 조선호텔이

기대했던 한국 관광의 발전과 고객 여러분의 위안을 위하여 봉사해 드릴 기회가 마침내 찾아왔읍니다. 고객 여러분! 이 품위 있고 격조 높은 시설과 음식, 즐거운 위안(慰安) 속에서 멋과 휴식을 찾으십시요.

167. 별표전축 천일사 공장
(서울시 성동구 중곡동 189)

별표전축만이 서울시 우량 공산품 232호 지정품입니다.

168. 비제바노 명동본점

명화(名靴)의 전당, 도심에 서다. 비제바노 명동본점, 5월 20일 개점.

169. 샘마을 힐싸이드 주택단지
(경기도 소사읍 소사리 110번지)

경인가도 연변에 위치한 이색적 새 마을 분양 개시!

170. 피어선도심맨숀
(서울시 중구 정동 문화방송국 옆)

도심 생활에 알맞은 피어선도심맨숀 분양 안내.

171. 서울 도우뀨호텔
(서울시 중구 양동 8번지)

서울 중심부에 새로이 탄생하는 국제 수준의 디럭스급 호텔! 풍부한 지식과 경험으로 이룩된 저희 호텔은 고객 여러분에게 매우 흡족한 휴식처가 될 것을 약속드립니다. 특히 조용하고 아늑한 분위기와 섬세하고 세련된 써비스는 여러분의 사업 관계, 세미나르, 집회는 물론 가족 친지와의 단란하고 즐거운 회식에도 가장

적합한 장소가 될 것입니다.

172. 혜성맨숀아파트
(마포경찰서 옆)
중심가에 우뚝 솟은 혜성과 같이
나타난 초현대식 혜성맨숀아파트 분양.
입주 예정일, 1972년 3월 31일경.

1972

173. 롯데제과 껌 공장
(서울시 영등포)
"제가 일본에서 껌, 쵸코렡 등의
과자를 만들어 온 지도 어언 25년이
지났습니다. 또한 한국의 롯데가
창립된 것도 벌써 6년에 이르렀습니다.
그동안 저는 고국의 여러분들로부터
'왜? 한국에서는 일본에서와 같은
좋은 과자를 만들지 않고 있느냐'라는
충고를 받고 항상 괴롭게 생각해
왔습니다. 그러나 그것은 국내 사정에
따른 원료, 기계 설비 등의 어려운
여건과 기술적인 여러 가지 문제로
인하여 지금껏 그 뜻을 이루지 못했던
것입니다.
　다행히도 이번에 최신의 설비를
자랑하는 영등포 껌 공장을 신축하게
되어 한국롯데에서도 일본롯데와
똑같은 수준의 제품을 생산하게
되었습니다. 세계의 우수한 기술을
한데 모아 만든 제품 '롯데 대형껌'을
여러분께 내놓게 된 것을 영광스럽게
생각하며, 또한 이 '롯데 대형껌'에

비길 수 있는 껌은 다시 없을 것으로
확신해 마지않습니다." 사장 신격호.

174. 라이온빌딩
(서울 중구 을지로 1가)
오늘은 누구와 식사 약속을 하셨습니까?
라이온빌딩은 7층 전관을 식도락의
전당으로 동경식(東京式) 호화
시설을 갖추고 고객 여러분을 모시고
있습니다. 동경식 분위기에 동경식
일본 요리, 고급 징기스칸 요리를 적은
비용으로 누구나 즐길 수 있는 곳이
바로… 식도락의 전당 라이온빌딩.

175. 문화관광호텔
(서울시 서대문구 정동 22번지)
당신을 귀빈으로 초대합니다. 화사한
새봄과 함께 탄생한 문화관광호텔이
당신을 기다리고 있습니다. 아담하고
조용한 객실, 이태리언 그릴 TREVI,
서구식 커피숖 LIEBE, 나이트크럽
LUXY, 호텔 객실이나 각종 연회
예약은 73-8275.

176. 제일약품 용인공장
(경기도 용인)

자랑이나 자만이 아닙니다. 사실
그대로의 제일약품의 좌표. 제일약품은
15~16년 전부터 해외 선진국의
우수 치료 약품만을 선택·수입하여
질병 퇴치에 공헌하여 오던 중, 금반
(今般) 우리 정부의 인가를 받아,
외국 회사와의 원료 및 기술제휴로
종전에 수입·공급하던 신약들을 외국
기술자의 상주하에 수입품과 꼭 같은
제조 공정, 꼭 같은 약효로 국내에서
정성 들여 생산·공급하게 되었습니다.
다음과 같은 여러분과 낯익은 약들이
바로 제일약품의 제품이오니 변함없는
신뢰로서 육성하여 주시기 바랍니다.

177. 하니·맨션
(서울시 필동)
한국 최초 비지네스 기능을 갖춘 획기
적인 맨션! 10월 10일 입주, 분양 개시.

178. 국민은행 본점
(서울시 중구 남대문로 2가 9의 1)
1972년 10월 25일, 본점 신축 이전.

179. 신생어린이백화점
(종로 2가)
종로 네거리에 어린이 백화점 탄생!
어린이와 학생을 위한, 그리고 교원을
위한 신생어린이백화점이 새로이
탄생했습니다. 귀여운 자녀와 함께
새로 탄생한 신생어린이백화점을 한번
구경해 보세요. 신생어린이백화점은
어린이를 위한 것이라면 무엇이든지
다 있는 어린이의 집이랍니다.

180. 한국스위밍센타
대한수영연맹 공인 국제 규격 50m
맘모스 실내 수영장. 환절기의
건강관리는 한국스위밍센타에서!

181. 대왕코너
(청량리역)
하루 30만 명이 붐비는 지하철의
종점. 대성황 중에 점포 분양 임대
중. 역사적인 지하철의 개통이
임박하였습니다. 절호의 기회를 놓치지
마시고 하루 30만 명이 출입하는
지하상가의 주인이 되십시오.

182. 제주KAL호텔
제주도가 바뀌었습니다.
삼다(三多)·삼무(三無)의 신비가
있고 아열대식물, 야생조(野生鳥)가
섭생하는 자연 그대로의 섬 제주도에
초디럭스 제주KAL호텔이 문을
엽니다. 원시림 속에서의 사냥,
오염되지 않은 바다낚시 그리고 골프·
보링에 이르기까지 모든 것을
즐기실 수 있습니다. 이제 제주도는
남국의 낙원으로 바뀌어졌습니다.

183. 삼부토건 고급 문화주택
쾌적한 환경, 실용적 구조, 저렴한
가격! 특가 분양!

184. 빅토리아호텔
(서울시 중구 충무로 1가 25-2)
빅토리아호텔 4월 7일 개관!

185. 여의도관광호텔
공해 없는 수중 도시 중심지에

자리 잡은 여의도관광호텔. 묵묵히
흐르는 한강을 정겹게 감상하시면서
쌓인 피로를 풀 수 있는 아늑한 곳!
여의도관광호텔로 초대합니다.

186. 제3차 해운대SUMMER맨션
극동호텔 옆! 해운대 바닷가.
모델하우스 공개 중.

187. 서울은행 본점
(서울시 중구 남대문로
2가 10-1)
75년 10월 20일, 본점 신축 이전.

188. 방산종합시장
(서울시 중구 방산동 3-1)
개장 박두. 국내 최고의 요지, 최고
시설의 방산종합시장. 본 시장의

특징 ▶ 전면 분양으로 점포 소유자 여러분이 시장 발전과 운영에 직접 참여할 수 있음 ▶ 청계천 5가에서 본 시장을 통과하는 우회 관통 도로(폭 10m) 신설 ▶ 지하 대형 주차장 ▶ 각 점포에 자동 소화 시설(스프링크라) 및 중앙 공급식 난방 ▶ 각 점포 스프링 샷터, 전기·전화 배선 ▶ 특수 설계에 의한 채광·환기 설비 ▶ 각 동 간 간격 유지(5.4m)로써 차량 통행 원활 ▶ 점포 바닥은 고급 타이루, 복도는 인조대리석 ▶ A·B동 간 지하 통로 시설

189. 대우센터

대우센터 입주 개시! 안전·경제적 오피스빌딩 ▶ 경제적인 임대료, 효율적인 공간: 최신 공법으로 시공된 사무실 내부에는 기둥이 전혀 없어 경제적인 공간 이용이 가능하며, 전기·수도·냉난방비를 포함, 합리적인 보증금과 임대료로 최신 시설을 이용하실 수 있어 경제적입니다. ▶ 화재 안전도 100%: 중앙 관제식 종합 방재 센터에서 자동으로 집중 제어되는 화재 예방·탐지 시설과 전층 스프링쿨러 등 소화시설이 기준 이상으로 완비되어 화재 안전도 100%입니다. ▶ 최대 규모의 주차장: 연건평 8,000평의 주차 빌딩은 동시에 750대의 차량을 주차시킬 수 있어 수용 능력 국내 최대입니다.

190. 삼양사 본사

삼양사는 정제당(精製糖)=삼양설탕, 포리에스텔=트리론, 냉동 가공어를 생산·판매·수출하는 종합 기업입니다. 삼양사는 올해 창업 52주년을 맞아 다시 새로운 발돋음을 시작합니다.

▶ 전주공장의 포리에스텔 생산능력을 스테이플화이바 일산(日産) 72톤, 필라멘트 일산 31톤으로 확장, 국제 단위화하고 ▶ 울산공장에 일산 800톤의 정제당 생산 시설 외에 우리나라 최초로 이온교환수지, 슈가에스텔 S·P 생산 설비를 신설하며 ▶ 목포공장에 사료 공장을 부설하는 한편 ▶ 서울에 삼양빌딩을 신축, 부동산 임대도 하게 되었습니다. 오늘날은 기술혁신의 시대입니다. 삼양사는 항상 새로운 지식을 경영에 도입하여 회사를 변화시키고 발전시키는 데 노력하고 있습니다. 이것이 나라와 겨레의 부강한 미래를 위한 기업의 책임이라 믿는 때문입니다.

191. 이수중앙시장

크고 좋은 시장, 이수중앙시장. 아무리 크고 좋은 시장이라 하더라도 700만 서울 시민이 한결같이 이용할 수는 없습니다. 이수중앙시장은 이수단지, 삼호아파트, 반포아파트, 동작동, 사당동, 서초동, 흑석동, 방배동, 외인촌 30만 주민이 언제나 손쉽게 이용할 수 있는 곳에 건설되고 있습니다. 이수중앙시장은 1,712평의 매장, 넓은 계단실, 새로운 공법의 방화 시설, 고압 특수 난방, 400평의 주차장 등 현대적 시설을 갖추면서도 구수한 재래식 시장의 맛도 풍길 크고 좋은 시장입니다. 개점 예정일 1976년 10월 1일.

192. 서울프라자호텔

한국의 최신 특급 호텔이 인재를 구합니다. 1976년 10월 1일 개관.

193. 백화점미즈 (명동)

전관 개관 7월 7일. 명동의 미즈는 여러분의 격려와 사랑 속에 미즈 탄생 대행진을 시작하였습니다.

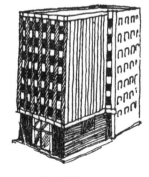

194. 동서증권

동서증권이 새 사옥에서 여러분을 모십니다. 저희 동서증권은 명동 새 사옥으로 이전하면서 경영과 서어비스를 대폭 개선하여 이제 8월 30일부터는 새로운 분위기에서 고객 여러분을 한층 성실하게 모실 것을 약속드립니다.

195. 중앙투자빌딩
(서울시 중구 명동 1가 65-7)
76년 8월 16일(월), 신축 이전.

196. 동작동 삼호아파트
동작동 삼호아파트 ▶ 도심까지
15분: 집에서 시청 앞까지, 제1,3
한강교 또는 잠수교 어디로든 출근
시간 15분의 거리입니다. ▶ 완전한
주거 환경: 학교, 은행, 슈퍼, 상가,
병원 등 경제, 문화시설이 완비되어
있어 편리한 주거 환경입니다. ▶
탈공해 지대: 한강과 관악산을 조망할
수 있고, 인근에 산재한 녹지대가
도심지와 전혀 다른 전원 분위기를
만들어 주는 쾌적한 주거지입니다. ▶
급성장하는 개발 지구: 강남 개발 붐
속에 잠수교, 시외버스 터미널 등의
개설로 가장 급성장하는 지역입니다.

197. 대한투자금융
(서울시 중구 명동 1가 54번지
명동 구 예술극장)
1976년 9월 6일 명동 구(舊) 예술극장

새 사옥으로 이전하여 보다 알찬
봉사로써 고객 여러분을 모시고자
합니다.

198. 서울투자금융
(서울시 중구 을지로 2가 199-63
오양빌딩)
당사는 본사 사업장을 1976년 9월
6일부터 이전케 되었읍니다.

199. 북부서울백화점
(서울시 도봉구 수유동 54-5)
북부서울백화점, 드디어 점포 임대
개시! 10년 이래 120만 시민이 살고
있는 북부 서울의 상권을 확보한
수유시장의 터전 위에 시장과
백화점을 조화한 한국 처음의 야심적
대종합시장인 북부서울백화점에
점포를 원하시는 분은 왕림하여
문의하시기 바랍니다.

200. 로얄쇼핑센터
반포아파트·이수단지 내 로얄쇼핑센터
탄생. 쇼핑센터 점포 임대, 계약 접수
9월 16일부터.

201. 제일백화점
제일 가족으로 당신을 초대합니다.
제일백화점이 10월 5일부터 지하상가
임대를 시작합니다. 명동에서도
상가로서는 제일 요지에 화제의
제일백화점이 지하상가 임대를
개시합니다. 명동에서 제일 높은
22층 고층 빌딩, 카페트가 풍겨 주는
최고급 실내 분위기, 모두가 화제의
초점을 모으고 있습니다. 고객들이
바라고 있던, 고객들의 마음을 충분히
사로잡을 수 있는 화제의 백화점.
제일백화점이 가족을 초대합니다.

202. 용평스키이장
대관령, 전천후 용평스키이장(場).
12월 3일 개장.

203. 새로나백화점
(서울시 중구 남창동 1-2)
오세요, 보세요, 새로나의 꿈을… 새
시대의 백화점이 문을 열었읍니다.
넘치는 현대 감각, 미래를 바라보는
설계, 믿음과 사랑이 움트는 새로나.
오세요, 보세요 그리고 마음껏
즐기세요. 12월 1일 개관.

204. 대림산업
(서울시 종로구 수송동 146-12
대림 빌딩)
대림산업 사옥 이전.

1977

205. 중외제약 신축 공장
(경기도 화성군)
중외 의약품이 국민의 혈맥에 흐른
지 30여 년. 국민 여러분의 협조와
성원 아래 오늘을 맞이한 중외제약은
우수하고 신뢰할 수 있는 정밀 치료제의
생산을 시작하여 이상적인 항생제 및
주요 의약품의 원료 합성에 성공하였고
의료 기기 전문 공급을 위한
대한중외상사 설립과 의료계의 오랜
숙제로 되어 왔던 암 치료제의 국내
최초 생산을 실현해 오고 있습니다.
　이는 국민 건강을 증진하기 위한
목표 아래 여러분의 기대와 성원에
보답하려는 의지의 소산 때문이라
생각합니다. 기업의 발전이 사회의
발전과 직결된다는 사명감 아래 중외의
노력은 새해에도 계속될 것입니다.

206. 삼성석유화학 PTA 생산공장
수출산업의 구조적 혁신을 선도할
삼성석유화학, 울산에 동양 최대
규모의 PTA 생산 공장을 건설합니다.

삼성이 그 웅지를 중화학 분야에
펼치고자 울산에 폴리에스터
섬유 원료인 PTA 생산 공장을
건설합니다. 삼성은 세계 굴지의
석유화학 기업인 미국의 아모코와
일본의 미쓰이석유화학과의
합작으로 삼성석유화학주식회사를
설립하였읍니다. 이 공장이 완공되는
1979년에는 연간 10만 톤의 PTA를
생산하여 지금까지 전량 수입에
의존하던 PTA의 완전 국산화를
이룩하며, 1981년까지는 연간
생산능력을 15만 톤으로 증대하여
국내 수요를 충족시키고 나머지는
세계 시장에 모두 수출할 계획입니다.
삼성은 수출 경쟁력을 강화시켜
수출산업의 구조적 혁신을 가져올
이 사업을 발판으로 각종 연관
석유화학 산업에 폭넓게 참여함으로써
80년대 수출 한국의 새로운 역군으로
그 책임을 다할 것을 다짐합니다.

207. 한국외환은행 본사(건축 중)
저희 은행은 제4차 경제개발 5개년
계획의 원동력인 내자(內資) 동원을
위한 저축 증대와 100억 불 수출
달성을 위한 모든 지원에 앞장서고
있읍니다. 1977년 1월 30일, 창립
10주년을 맞이하여.

208. 부산아리랑관광호텔
(부산본역 광장)
"약동하는 계절, 새 봄을 맞이하여

존체 만안하심을 앙축하오며 하시는
일이 번창하시기를 기원합니다.
금번 부산역광장에 '부산아리랑관광
호텔'을 신축, 초현대식 부대시설을
갖추어 4월 29일에 개관하게
되었읍니다. 평소 저의 관광호텔
개관을 위하여 물심양면으로
아낌없는 성원과 협력을 하여 주신
데 대하여 심심한 경의를 표하며
앞으로도 배전의 지도와 편달을
바라오며 많은 이용 있으시기를 우선
지상으로 나마 삼가 인사드립니다."
부산아리랑관광호텔 대표 김필곤

209. 주공아파트 단지 내
목욕탕(투시도)
주공아파트 단지 내 최신 설비를
갖춘 각 지구 목욕탕, 종합상가(인천
주안) 매각.

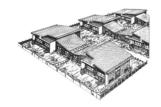

210. 가든타운 전원주택
아주건설이 마련한 또 하나의
보금자리, 아파트 생활을 그대로
자연 속에 옮겨 놓은 새로운 형태의
전원주택.

211. 마산가야백화점
(마산시 산호동 323-3)

산업 도시 마산에 새 명소 탄생! 마산가야백화점은 '레저와 쇼핑'을 겸한 현대식 다목적 설비의 대형 백화점입니다.

　새로이 탄생되는 마산가야백화점은 5대 거점 도시 개발 사업과 발맞추어 날로 팽창해 가는 산업도시인 마산시 한복판에 초현대식 시설을 갖추고 경남북 최초이며 국내 현존 3대 백화점에 버금가는 대형 종합백화점입니다. 한곳에서 레저와 쇼핑을 함께 즐길 수 있는 대규모 매장 구성, 써비스 코너 설치 등 고객에게 모든 편의를 제공하며 임대주에게는 통일된 기획과 경영 체제, 이상적인 매장 구성, 신속한 정보, 구매력 촉진 등 모든 지원을 아끼지 않을 것입니다. 오는 8월 1일부터 임대 상담을 개시하오니 저희 백화점과 번영을 함께하실 뜻이 있는 분들의 상담을 바랍니다.

212. 서린호텔
(서울시 종로구 서린동 149)
명예와 신의를 갖고 여러분을 모셔 온 저희 서린호텔에서는 품격 높은 새 사교장으로써 비지네스는 물론 가족 동반을 위한 최적의 분위기라 자부하는 직영 나이트클럽 솔로몬을 개장하게 되었습니다. 10월 4일 개장.

213. 여의도 광장아파트
투자 가치 증대, 관리비 저렴, 안락하고 쾌적한 서구식 문화 환경,

647세대 9월 29일 공개 추첨 분양.

214. 유니온가스 창원공장
1977년 9월 29일, 유니온가스 창원공장 준공.

1978

215. 도일상가
(서울시 강남구 도곡동)
도일상가(슈퍼, 점포) 3월 3일부터 선착 분양.

216. 대한텔레비전 구미공장
국내 최대 TV 공장을 만들기 위해- 구미 건설단장과의 인터뷰.

217. 서울우유
서울우유 요구르트가 지닌 것, 그것은

눈에 보이지 않는 40년의 경험입니다.

218. 신한양상가
(서울시 강남구 압구정동 54-10)
5월 19일 상가 선착순 분양. 수익성이 보장되며 안전한 투자의 명소 영동의 압구정동. 한양아파트 4차 분양으로 더욱 발전이 보장되는 지역.

219. 캠브리지 소공영업부
(서울시 중구 태평로 2가 52번지)
9월 30일 캠브리지 소공영업부가 문을 엽니다.

220. 금강제화
명동지점·광교지점
동양 최초로 미국 NEW YORK에 금강 직영 스토아 2개점을 개점한 데 이어 국제적 규모의 초대형 스토아 2개점을 서울 명동과 광교에 증설 개점하였습니다.

221. 강남고속버스터미날
승객과 고객의 편의를 위해 여기 강남에 세계 굴지의 고속버스 터미날 착공. 승객과 시민의 기대 속에 여기 서울 강남고속버스터미날 바로 그 위치에

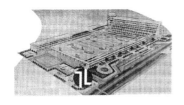

대지 28,000평 연건평 36,000평(지하 1층, 지상 7층)의 거대한 터미날을 11월 23일 드디어 착공했습니다.

새 터미날이 완공될 때 매표의 자동기계화가 이룩되며 62곳의 승차장과 대합실에 냉온방이 완비되고 넓은 하차장에 연결 교통이 질서 있게 대량 통과하여 쾌적하고 편리한 시설·환경을 마련할 것입니다. 또한 승객의 편익과 지역사회의 발전을 위해 버스를 타고 내리는 바로 그 건물에 대규모 상가와 휴식처를 함께 마련합니다. 이제 막 착공된 새 터미날은 80년대를 향한 '꿈과 번영의 새 광장'으로 갖출 것입니다.

1979

222. 호텔롯데

"세계의 명소 호텔롯데가 개관하여 여러분을 모시게 되었습니다. 이제 호텔롯데는 한국 관광산업의 기수로서 초현대식 시설을 완벽하게 갖춘 명실공히 세계 정상급의 호텔임을 자부합니다. 그러나 호텔롯데는 시설이 가장 훌륭한 것으로만 만족하지 않습니다. 훌륭한 호텔이란 다른 어떤 호텔보다도 이곳을 찾는 손님들에게 친절하며, 보다 즐겁고 편안하게 모실 수 있어야 한다고 저희들은

명심하고 있읍니다.

호텔롯데는 우리의 힘으로 세웠을 뿐 아니라 경영 체제도 외국의 호텔 체인에 의존하지 않고 우리의 땀과 우리의 경험을 바탕으로 우리가 직접 운영하는 국내 유일의 국제 규모의 호텔입니다. 또한 호텔롯데는 고객의 안전을 무엇보다 중요하게 생각하여 소방시설 및 화재 대비 장치에 만전을 기했읍니다. 또한 완벽한 대고객 서어비스를 위하여 유능한 호텔 요원 1,600여 명을 확보하고 1년여에 걸친 철저한 훈련을 쌓았으며, 이들 종업원은 여러분을 위해 정성을 다할 것입니다.

아직은 여러가지 불편하고 미흡한 점이 많겠아오나 서울의 심볼 호텔롯데를 꼭 한번 찾아주시고 많은 격려와 충고를 바랍니다." 호텔롯데 이사 겸 총지배인 권원식.

223. 청담 삼익아파트타운

한강변 아파트 중 제일 좋은 입지에 삼익이 대단위 아파트 타운을 건설하고 있습니다. 35평형 1월 31일 한(限) 평당 66만여 원으로 특혜 선착순 분양.

224. 삼호쇼핑쎈타
(서울시 강남구 도곡동 128번지)

국내 최대, 최신 맘모스 백화점 삼호쇼핑쎈타로 여러분을 모십니다.

225. 신반포 7차 아파트

모델하우스 공개 중. 신반포 7차

아파트 분양.

226. 맘모스쇼핑쎈터
(서울시 동대문구 전농3동
620-69)

청량리 로타리에 새로운 대형 쇼핑센터 탄생! 맘모스쇼핑센터는 청량리 구 대왕코너의 장소를 말합니다만 맘모스는 구 대왕코너가 아닙니다. 맘모스는 새로운 규모, 새로운 시설, 새로운 업종을 새로운 경영으로 운영될 새로운 이름입니다. 원창실업주식회사는 새로운 이름 '맘모스'를 새롭게 만들기 위하여 2년여의 오랜 기간 동안 국내 최고의 기술진을 동원, 부단한 노력을 거듭하여 여러분의 생활과 휴식의 광장으로 손색없는 '맘모스'를 선보이게 되었습니다. 79년 9월 15일 개관.

227. 롯데1번가
(서울시 중구 소공동 1번지)

내외국인이 함께 쇼핑할 수 있는 서구식 전문점. 가장 수준 높은 쇼핑 스타일이 전문점 쇼핑입니다. 롯데1번가는 국내 최초의 전문점(단일 품목만 취급)이 모여 있는 유럽

스타일의 고급 쇼핑가로서, 고급 상품에 있기 쉬운 가격 차이를 배제하고 정찰제를 실시하고 있습니다.

Champs-Élysées, Diamond Street의 148개 전문점을 여유 있게 돌아보신 후 가장 마음에 드는 상품을 적정 가격으로 쇼핑하시고, 롯데1번가가 자랑하는 휴식처에서 상쾌한 과일 쥬스나 따뜻한 커피 한잔을 마실 수도 있습니다.

230. 제일투자금융주식회사 (서울시 중구 을지로 2가 119-40)

제일투자금융, 명동의 명소로 이전.

세대에게만 혜택을 드릴 수 밖에 없는 점을 안타깝게 생각하며 곧, 제2, 제3의 그린빌라 타운 건설을 통하여 만족을 드리도록 노력하겠습니다. 가정의 소중함과 중요성을 깊이 인식하며 건설되고 있는 새로운 전원주택 그린빌라의 내일에 주목하여 주십시오.

1983

233. 서교호텔 (서울시 마포구 서교동 354-5)

신촌의 새 명소, 서교호텔. 격조 높은 분위기, 성실한 서어비스를 자랑하는 국제 수준의 고급 호텔 서교호텔이 문을 열었습니다. 쾌적한 환경, 호화로운 시설, 아늑한 객실, 기호에 맞는 고급 식당과 연회장, 그리고 정성 어린 서어비스는 도시민 여러분의 안식처로 국제 교류의 무대로서 각광을 받게 될 것을 확신합니다.

228. 롯데쇼핑

수도 800만 명 시대의 새 백화점, 롯데쇼핑(백화점) 12월 17일 OPEN. 이제부터 쇼핑 스타일이 달라집니다. 그저 쇼핑만 하던 시대는 어제, 오늘은 즐기면서 쇼핑하는 시대입니다. 즐기면서 쇼핑하려면 여유 있게 물건들을 돌아볼 수 있는 고객을 위한 넓은 공간, 그리고 쉴 수 있는 휴식 공간의 시설이 필요합니다. 롯데쇼핑은 21세기 쇼핑 스타일을 창조하는 수도 800만 시대의 초현대식 백화점입니다.

1980

229. 여의도 라이프쇼핑센타 (여의도 미성아파트 단지 내)

장래성과 수익성이 보장되는 라이프쇼핑센타는 주위에 아파트와 사무실들이 운집되어 있는 중심지에 위치하고 있습니다. 선착순 임대.

1981

231. 한일스텐레스 (인천시 북구 효성동 33-2)

한일스텐레스 제품은 세계 굴지의 공장에서 만듭니다.

1982

232. 그린빌라

주택에 대하여 안목이 높은, 선택된 140여 세대만이 서구식 전원주택 그린빌라의 가족입니다. 도시의 공해와 밀폐되어 고층화된 주거 양식에서 벗어나 여의도에서 승용차로 불과 15분 거리의 항동 푸른 들에 아파트의 편리성과 단독주택의 독립성을 푸른 숲 속에 함께 조화시킨 서구식 전원주택 그린빌라는 수영과 골프 연습까지 내 집에서 즐길 수 있는 이상향의 새로운 주거 패턴으로 주택에 대한 안목이 높은 선택된 140여 세대만이 그린빌라의 가족입니다.

그동안 무역업과 해운업 및 육영사업을 통하여 쌓고 다져 온 미륭물산의 귀중한 경험들과 소중한 신뢰를 바탕으로 건설되고 있는 그린빌라는 예상외로 많은 분들의 뜨거운 호응에도 불구하고 140여

234. 동방레저콘도 (강원도 속초시)

호반의 별장. 당신 가족에게 꿈의 동산이 될 단독 별장식 콘도 60동이 속초 영랑호반에 세워지고 있습니다. 동방레저콘도에서 짓고 있는 단독 별장식 콘도는 아파트식과는 전혀 다른 하이클래스의 단독 별장식

콘도입니다. "우리도 별장을 갖고 싶다. 그러나 장소도 마땅하지 않고 관리도 힘들겠고…" 이런 분들을 위해 세워지고 있는 것이 단독 별장식 콘도입니다. 동방레저콘도의 단독 별장식 콘도는 건물을 짓지 않고 사전에 분양하는 방식과는 달리 현재 건설공정이 70% 이상 완료됐으며, 분양 시에는 모델하우스가 아닌 완성된 모습을 보여 주게 될 것입니다.

235. 유일칸트리하우스

전원 별장, 주말 농장. 두 가지 장점이, 하나로 합친 유일칸트리하우스. 유일칸트리하우스는 자랑거리가 참 많습니다. ▶ 산, 강, 호수 그리고 과일나무. 유일칸트리하우스는 산, 강, 호수가 접해 있는 곳에 세워집니다. 300평에서 1,000평까지 규모에 따라 널직한 잔디 정원, 뜰에는 과일나무가 있어 자연의 결실을 그대로 즐길 수가 있는 이상적인 자연 환경에서 생활하실 수 있습니다. ▶ 서울에서 가까운 곳. 서울에서 승용차로 한 시간 남짓한 거리에 위치하고 있는 유일칸트리하우스는 멀리 떨어진 콘도와는 달리 주 중에도 갈 수가 있는 제2의 나의 집입니다. 용문, 회현리, 용인, 전곡, 문막, 하자포리에서 유일칸트리하우스를 즐기십시오. ▶ 유럽풍 벽난로. 유일칸트리하우스 내부에는 유럽풍의 벽난로가 설계되어 있어 전원생활의 진수를 맛보실 수가 있습니다. ▶ 정원에 동물 사육장. 닭, 오골계, 칠면조, 토끼 등을 사육하는 조그만 동물 사육장이 있어 즉석 바베큐로 즐기실 수 있습니다. ▶ 완벽한 내부 생활 설비. 냉장고, 칼라 텔레비젼, 전화, 가스렌지, 침구 등 생활에 필요한 모든 물품을 완비하고 있어

언제라도 오셔서 간편하게 즐기실 수 있습니다. ▶ 관리는 회사 책임. 유일칸트리하우스는 바로 옆에 관리 사옥이 붙어 있어서 칸트리 하우스의 철저한 관리는 물론, 파출부의 써비스도 해 드립니다. 별장을 갖고 싶어도 관리 문제 때문에 망설이던 분들께 권해 드리고 싶습니다.

236. 부산백화점
(부산시 동래구 온천3동 1412-1)

항도의 관문, 부산고속터미널에 전관 직영 부산백화점 탄생!

1984

237. 경동시장 의류센타
(청량리 경동시장)

청량리 경동시장에 대규모 의류 시장 점포 임대 접수 중!

238. 한양주문주택

주문만 해 주십시요! 무엇이든 시공해 드리겠습니다. 국내 건설업계의 정상 한양이 단독주택, 연립주택, 아파트, 상가 건물, 기타 특수 건물 등 어떤 것이라도 성실하게 시공해 드리는 주문 주택 사업을 시작했습니다. 처음 설계에서부터 준공, 각종

인허가는 물론 완벽한 애프터 써비스에 이르기까지 철저하게 봉사해 드립니다. 또한 여러분들에게 보다 자세한 정보를 드리기 위해 주문 주택 상담실을 마련하고 친절하게 상담에 응해 드립니다. 특히 시공을 한양에 맡기고자 하는 주택 사업 등록 업자 여러분들을 성심으로 모시겠습니다. 이제 주문만 해 주십시요. 모든 일은 한양이 맡아서 성실하게 봉사하겠습니다.

239. 유천빌라

원숙한 사업가를 위한 저택. 워커힐 기슭에 대형 빌라 60세대가 세워졌습니다. ▶ 뒤편이 바로 워커힐, 숲 속 길로 5분이면 약수터. 유천빌라의 바로 뒤편은 낙엽송, 상수리 나무가 우거진 워커힐입니다. 사시사철 온갖 철새와 텃새가 지저귀는 이 숲 속 오솔길로 5분만 오르면 약수터가 있으며, 빌라 입구에서 차도만 건너면 그 일대가 남한강을 한눈에 볼 수 있는 전망대와 마찬가지입니다. 여기에서 계단을 따라 내려서면 요즘 들어 잉어가 제법 나온다는 낚시터로, 워커힐 숲 그림자를 받아 물색이 온통 녹색인 데다 움푹 들어간 지형이어서 바람도 별반 타지 않는 강변 산책로가 됩니다. 이곳에서 물안개에 잠기며 활력 넘치는 그날 계획을 세우십시오. ▶ 놀랍게도 시간상의 거리가 영동 지역보다 10분쯤 짧습니다. 강남 사시는 분은 출퇴근 때마다 느끼는 일이지만 다리 하나 건너는 데 10여 분은 족히 걸리고 터널 입구에서 또다시 10분쯤 지체한다는 게 여간 짜증 나는 일이 아닙니다. 그러나 워커힐 방면에서는 그런 일이 없습니다. 우선 다리를 건널 필요가 없는 데다가 지선 도로가 곳곳으로 연결되고 있어서

거의 일정한 시간에 목적지로 갈 수 있습니다. ▶ 모든 세대에 사우나실을 설치하였습니다. 유천빌라는 격무에 쫓기는 중견 사회인을 위해 짓는 만큼, 요즘 들어 각광 받는 원적외선 복사 방식의 사우나실을 설치하였습니다. 이제 조간신문은 사우나실에서 보십시오. 지난밤의 숙취나 피로가 말끔히 사라집니다. 물론 사모님의 미용과 가족 모두의 건강에도 더할 나위 없이 좋습니다. 원적외선 사우나는 초절전형이어서 1시간 사용에 전기 요금은 60원 정도에 불과합니다. 대한적외선㈜가 일본에서 수입·설치한 제품입니다. ▶ 기능 면에서 아파트보다 더욱 편리하게 설계했습니다. 일급 방음·단열재를 사용한 벽의 두께가 45cm입니다. 잘 지었다는 아파트라 해도 벽 두께는 30cm 정도가 고작입니다. 유천빌라는 보온성은 물론 사생활 보장 면에서도 종래의 아파트를 크게 능가합니다.

240. 뉴코아백화점
뉴코아 신관 직영 백화점이 '86아시안게임, '88올림픽을 대비한 진짜 장삿꾼을 찾습니다.

241. 성우빌딩
(서울시 마포구 도화동 538)
창의와 개성이 담긴 번영의 요람 성우빌딩 분양. 투자성 만점의 특급 요지에 초현대식 빌딩을 완전 분양받을 수 있는 마지막 기회입니다.

1985

242. 종로관훈빌딩
(서울시 종로구 관훈동 198-42)
종로 요지 은색의 귀족 건물, 종로관훈빌딩. 종로관훈빌딩은 가장 중심지에 위치한 편리하고 능률적이며 쾌적한 사무실 전용 빌딩으로서 근린생활시설도 완벽하게 준비되어 있습니다. 교통의 요지, 종로 한복판에 위치하면서도, 전혀 소음이 들리지 않는 쾌적한 분위기를 드립니다. 종로관훈빌딩은 상업이나 분양 위주의 빌딩이 아니며 건물주가 직접 관리를 철저히 하기 위하여 모든 분야를 세심하게 설계, 시공한 오피스빌딩입니다. 모든 면에서 최일급 빌딩이면서도, 임대료는 종로 일대에서 가장 적게 책정했습니다.

243. 로얄빌딩
(서울시 종로구 당주동
도렴재개발구역 제14지구)
일거양득, 로얄빌딩 분양 및 임대. 세종문화회관 옆에 특급으로 세워진 로얄빌딩, 6가지는 책임질 수 있습니다. ▶ 서울의 심장부로서 경제, 문화의 중심지인 광화문의 노른자위 땅에 위치하고 있으며, 지하철 4호선이 완공됨에 따라 교통이 더욱 편리해집니다. ▶ 국내

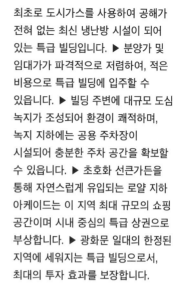

최초로 도시가스를 사용하여 공해가 전혀 없는 최신 냉난방 시설이 되어 있는 특급 빌딩입니다. ▶ 분양가 및 임대가가 파격적으로 저렴하여, 적은 비용으로 특급 빌딩에 입주할 수 있습니다. ▶ 빌딩 주변에 대규모 도심 녹지가 조성되어 환경이 쾌적하며, 녹지 지하에는 공용 주차장이 시설되어 충분한 주차 공간을 확보할 수 있습니다. ▶ 초호화 선큰가든을 통해 자연스럽게 유입되는 로얄 지하 아케이드는 이 지역 최대 규모의 쇼핑 공간이며 시내 중심의 특급 상권으로 부상합니다. ▶ 광화문 일대의 한정된 지역에 세워지는 특급 빌딩으로서, 최대의 투자 효과를 보장합니다.

차례

건물 유형

백화점

1. 천일백화(1953)
4. 미도파백화점(1954)
5. 광신백화점(1954)
6. 동화백화점(1955)
11. 자유백화점(1955)
12. 신신백화점(1955)
16. 화신백화점(1956)
22. 동화백화점(1958)
40. 미우만백화점(1960)
87. 미우만백화점(1963)
89. 동화백화점(1963)
90. 미도파(1963)
91. 아세아상사 백화점부(1963)
99. 신세계백화점(1965)
102. 시대백화점(1965)
150. 명동백화점(1969)
151. 코스모스백화점(1969)
155. 코스모스백화점(1970)
157. 코스모스백화점(1970)
179. 신생어린이백화점(1973)
193. 백화점미즈(1976)
201. 제일백화점(1976)
203. 새로나백화점(1976)
211. 마산가야백화점(1977)
228. 롯데쇼핑(1979)
236. 부산백화점(1983)
240. 뉴코아백화점(1984)

예식장

21. 호수캬바레·호수예식장
    (1958)
41. 종로예식장(1960)
42. 서울예식장(1960)
49. 동원예식장(1961)
55. 천도교예식장(1961)
160. 동원예식장(1970)

금융기관

25. 제일생명보험(1958)
26. 동방생명보험(1958)
36. 서울은행(1959)
38. 한일은행(1960)
39. 한국상업은행 남대문지점
    (1960)
46. 한국상업은행 혜화동지점
    (1960)
47. 한일은행 남대문지점
    (1960)
48. 조흥은행 방산지점(1961)
52. 중소기업은행(1961)
54. 대한생명(1961)
57. 한일은행 을지로지점
    (1961)
58. 한국상업은행 명동지점
    (1961)
71. 제일은행 미아동지점
    (1962)
72. 한국상업은행 청계지점
    (1962)
73. 서울은행 부산지점(1962)
76. 서울은행 남대문지점
    (1962)
77. 서울은행 노량진지점(1962)
78. 제일은행(1962)
80. 조흥은행 부산진지점
    (1962)
82. 한국상업은행 부산지점
    (1963)
83. 한일은행 인천지점(1963)
86. 서울은행 수표교지점
    (1963)
88. 한국상업은행 본점(1963)
94. 제일은행 본점 별관(1964)
104. 서울은행 청파동
    예금취급소(1965)
105. 제일은행 성동
    예금취급소(1965)
106. 대한교육보험(1965)
107. 서울은행 휘경동
    예금취급소(1965)
114. 서울은행 양정동
    예금취급소(1966)
115. 서울은행 약수동
    예금취급소(1966)
116. 조흥은행 본점(1966)

119. 서울은행 양정동
    예금취급소(1967)
122. 한국상업은행(1967)
140. 중소기업은행 본점(1968)
178. 국민은행 본점(1972)
187. 서울은행 본점(1975)
194. 동서증권(1976)
195. 중앙투자빌딩(1976)
197. 대한투자금융(1976)
198. 서울투자금융(1976)
207. 한국외환은행 본사(1977)
230. 제일투자금융주식회사
    (1980)

호텔

9. 한양호텔(1955)
31. 사보이호텔(1958)
45. 메트로호텔(1960)
62. 그랜드호텔 레스트란
    (1962)
67. 경동호텔(1962)
100. 용당산호텔(1965)
103. 호텔앰배서더(1965)
112. 만하장호텔(1966)
118. 세종호텔(1966)
125. 무창포·그린-비취 클럽
    (1967)
128. 유성관광호텔(1968)
135. 산다호텔(1968)
138. 뉴-동래관광호텔(1968)
144. 프린스호텔(1969)
149. 라이온스호텔(1969)
154. 풍전호텔(1970)
164. 서울로얄호텔(1971)
166. 조선호텔(1971)
171. 서울 도우큐호텔(1971)
175. 문화관광호텔(1972)
182. 제주KAL호텔(1974)
184. 빅토리아호텔(1975)
185. 여의도관광호텔(1975)
192. 서울프라자호텔(1976)
208. 부산아리랑관광호텔
    (1977)
212. 서린호텔(1977)
222. 호텔롯데(1979)
233. 서교호텔(1983)

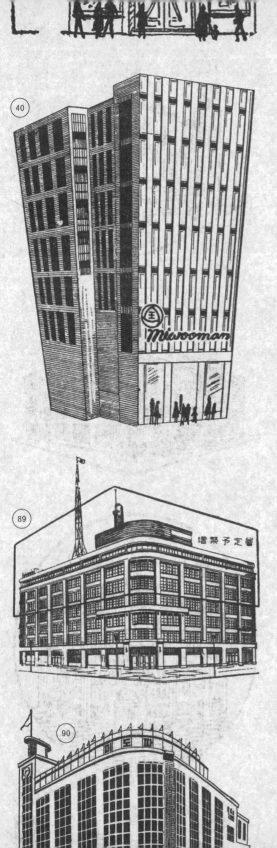

155

157

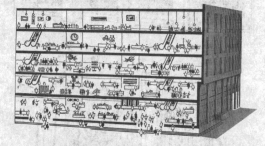

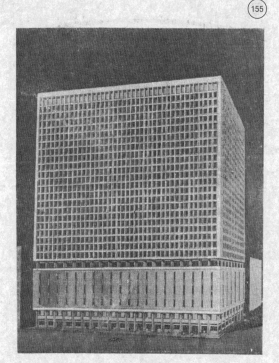

179

193

201

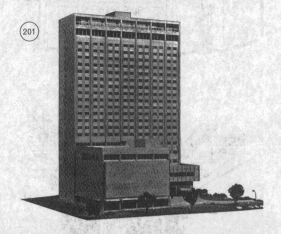

203

211

236

228

21

240

41

42

서울예식장

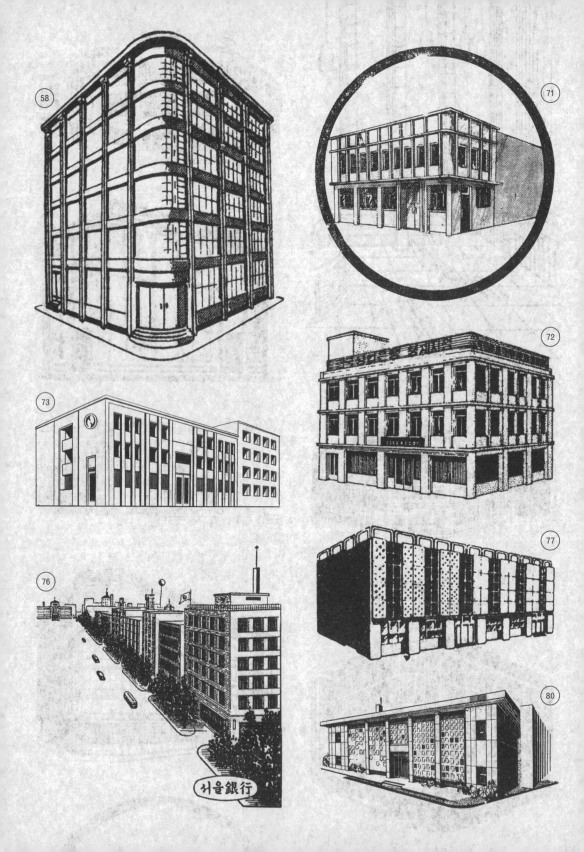

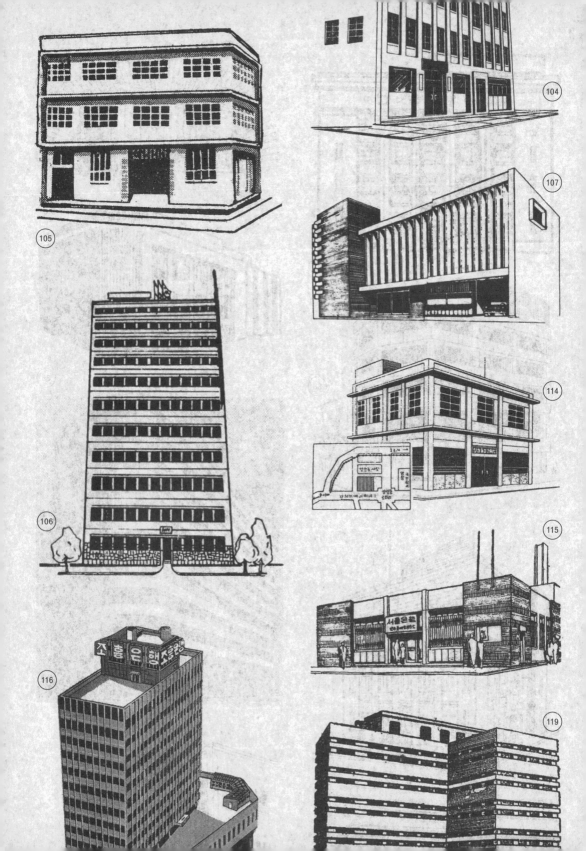

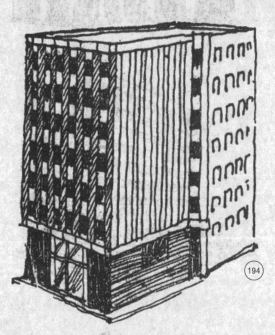

194

197

198

207

230

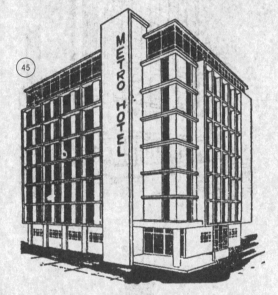

164

175

SEOUL TOKYU HOTEL

171

182

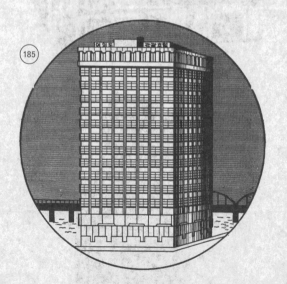
185

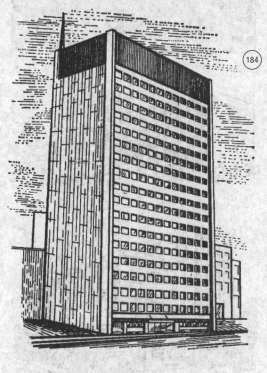

184

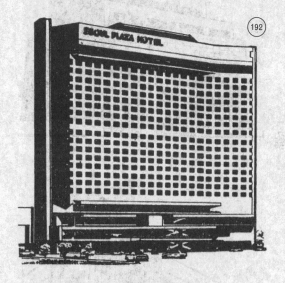

192

208

212

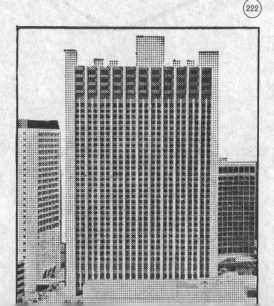

222

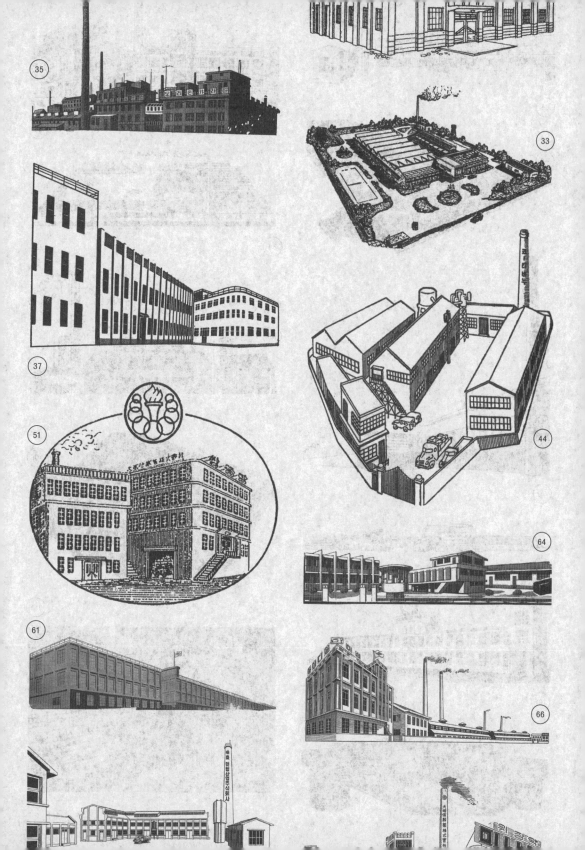

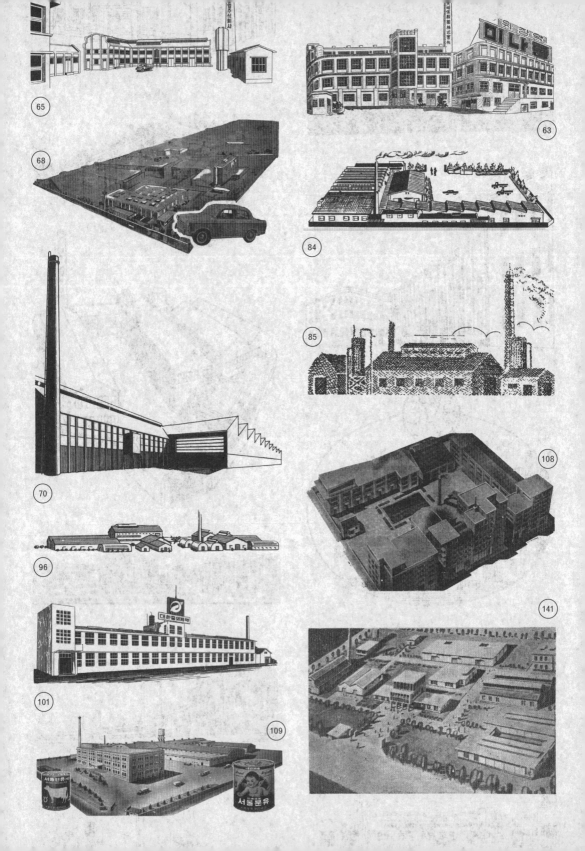

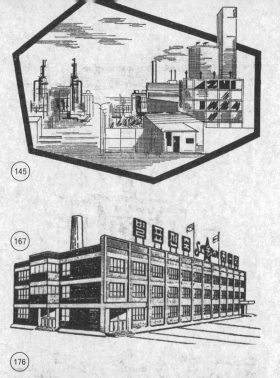

145

156

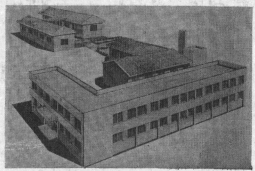

167

173

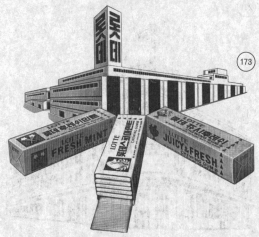

176

205

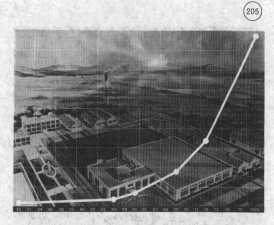

206

216

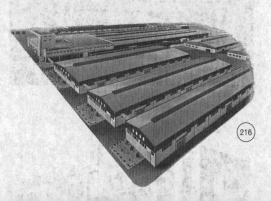

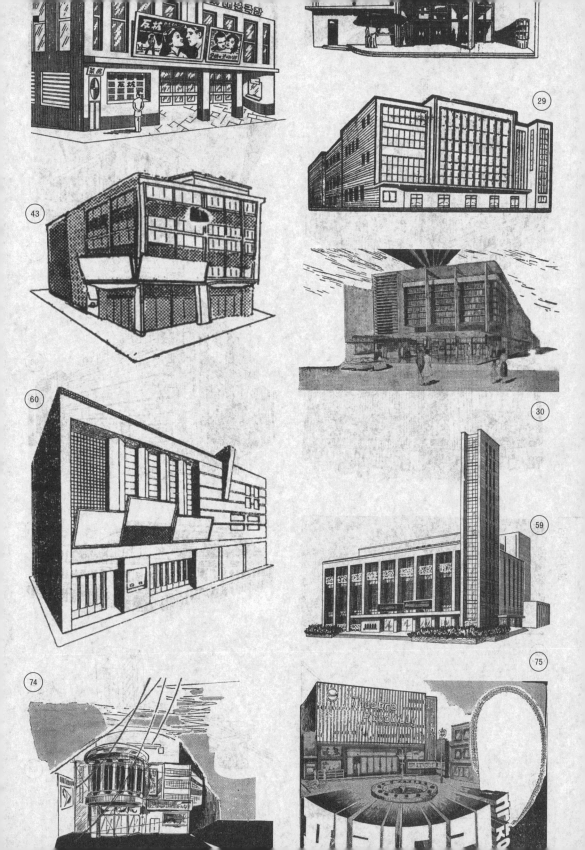

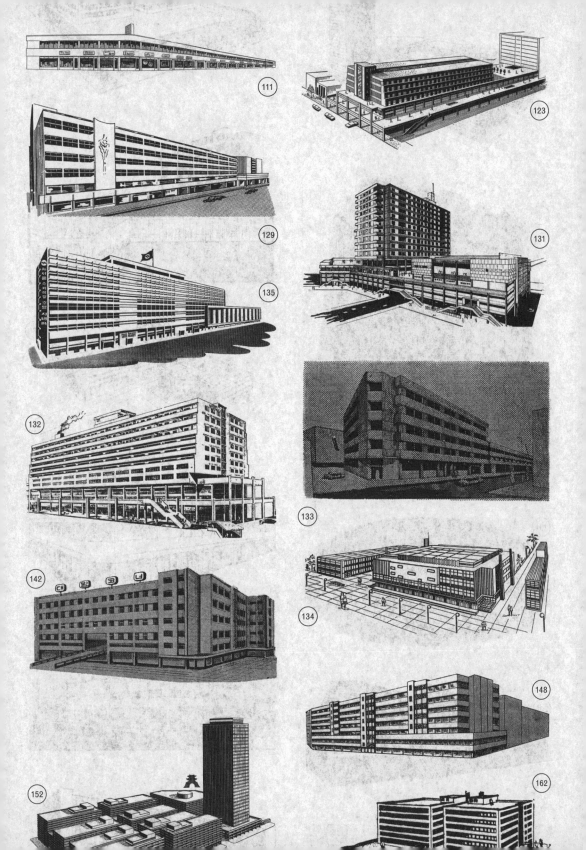

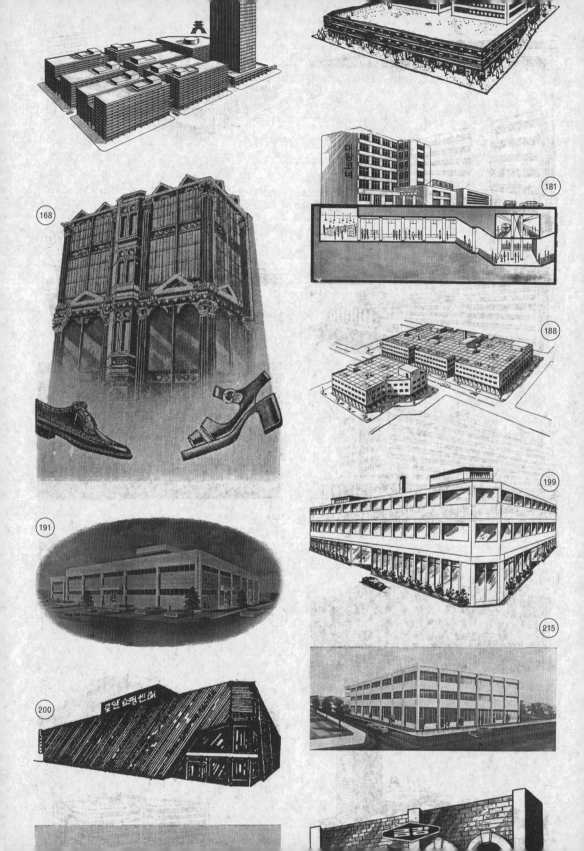

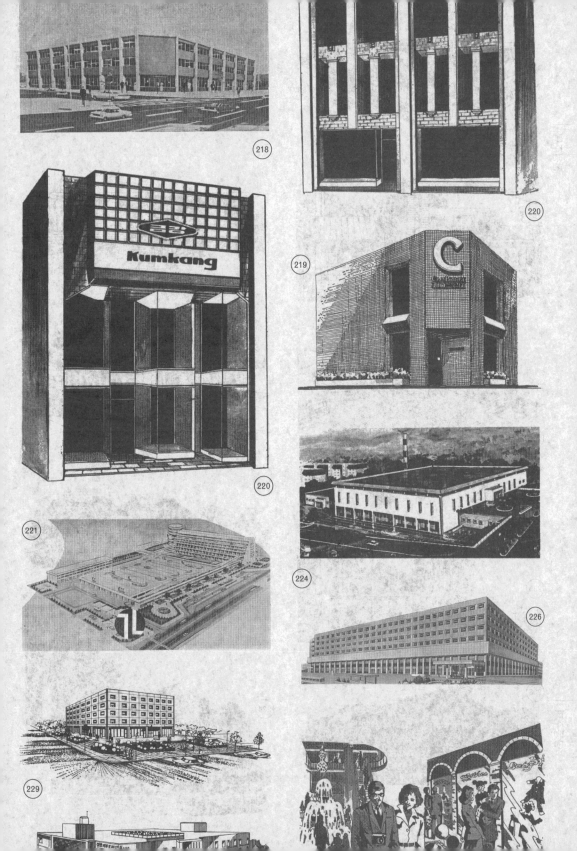

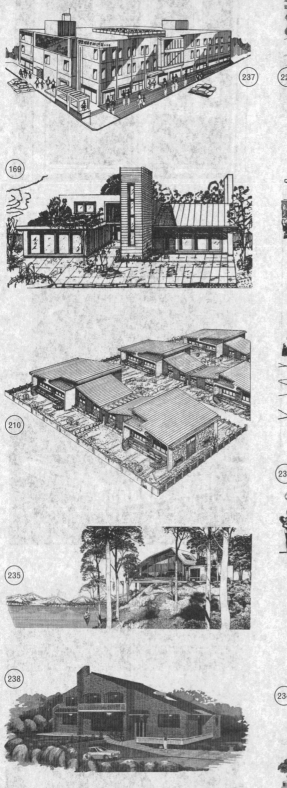

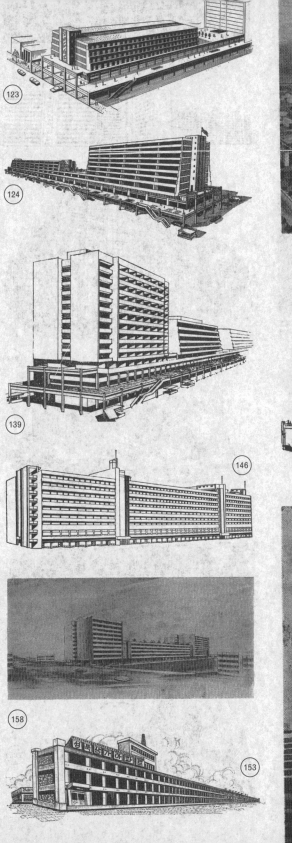

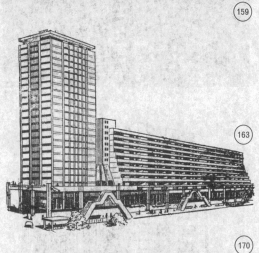

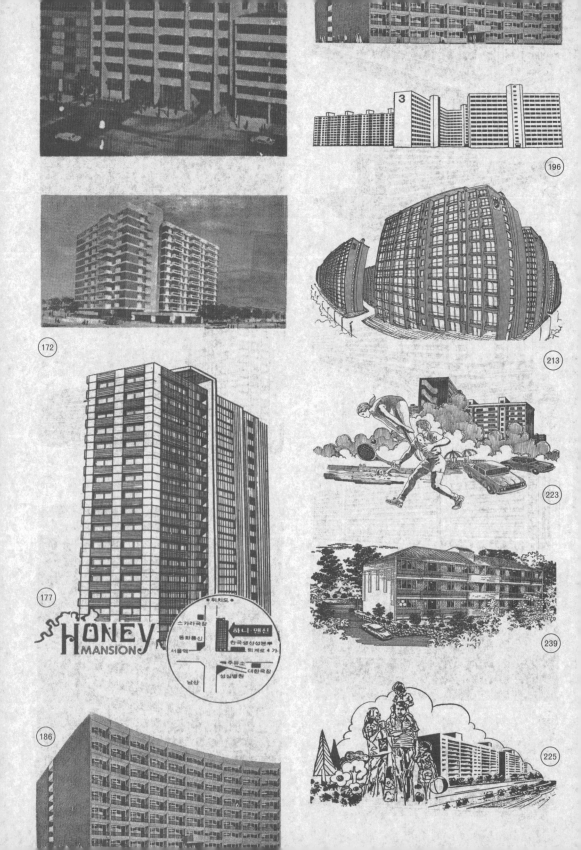

신축과 이전 New Construction & Move
1950–1985 건물 드로잉 1950–1985 Building Drawings in South Korea

2018년 6월 30일 June 2018

기획 및 편집: 편집부 Edited by Editorial team, propaganda
교열: 김연주 Copy Editing: Kim Yeonju
사진: 신병곤 Photography: Shin Byonggon
북디자인: 신덕호 Book Design: Shin Dokho

프로파간다 propaganda
서울시 마포구 양화로 7길 61-6 61-6, Yangwha-ro 7-gil, Mapo-gu, Seoul, Korea
T. 02-333-8459 T. 82-2-333-8459
F. 02-333-8460 F. 82-2-333-8460
www.graphicmag.co.kr www.graphicmag.kr

ISBN 978-89-98143-60-2 ISBN 978-89-98143-60-2

Printed in Korea

신
축
과 이전
1950–1985 건물 드로잉